# 読破

成功法則本を1000冊読んで
月収を100倍にした男の厳選55冊を教えます

山口裕一郎

## はじめに

新しいことにチャレンジをするときは、そのジャンルの中で一番の本を読んできた。

問題を解決したいときは、その分野で最も読まれている最高の本を選んだ。

本を読み進めるうちに「絶対にやれる！」という自信がみなぎってきて、勇気を持って足を踏み出せるようになる。いつでもそうしてきたし、これからもそうする。

まだ行ったことがない海外の国を訪れる場合は、楽しい旅行にするために、そして不自由なく街を歩くために、これから行く未知の国について書かれた「地球の歩き方」系のガイドブックを手に入れて読むだろう？

事前にその国に関する情報を掴んでおかないと、気がついたらスラム街に迷い込んで命が危険にさらされることもあり得る。

成功したいのなら当然、成功している人が書いた成功法則本を読むべきだ。

# はじめに

まだ成功していないのならばなおさら。

成功法則本は成功に導くためのガイドブック。すなわち成功へ向かうコンパスなのだから、成功したい人間が読まずにいてどうする？

成功法則本は２０００円も出せば誰でも手に入れられる。古本ならもっと安いはずだ。これほどコストパフォーマンスが高い手段はほかにはない。

本。そこには、インターネットに載っていない答えがまだまだたくさん書いてある。

もちろん、成功する方法だけではなく失敗についても綴られてあるから、読むことで、失敗する確率も極めて低くできる。

ほら、２０００円がそんなに高いものじゃなくなってきただろう？

『やるだけやっちまえ！』

『非常識な成功方法』

『たった一人の熱狂』

『死ぬこと以外かすり傷』

こんなにも熱い本のタイトルを目にしたら、何かを感じずにはいられないはずだ。

体中の血液が逆流し、何とも言えないほど魂が高揚して、読まずにはいられなくなるだろう？

この本はこの問いに「ＹＥＳ！」と即答した人のために書いた。

俺は今まで、自分の感性を信じて自分に必要な本を選び、１０００冊以上を読んできて、できることからガンガン実践してきた。

そのすべてが血となり、肉となっている。

32歳でミュージシャンとして生きていくという夢が破れ、世の中から落第の烙印を押されたパンクスだった俺が、今では会社を経営し、数えきれないほどの本を出版し、地上波テレビやラジオに出演し、雑誌で紹介されている。

散々辛酸を舐めさせられた、クソみたいな人生を自力で逆転させたのだ。

「誰にも期待はしてねぇし、信じられるのは自分だけだ」という強い気持ちを胸に、どん底から這い上がってきたわけだが、その行動のきっかけはすべて本から得た。

成功するためのカーナビやコンパスがあれば、どこに向かって進んでいけばいいのかがわかるはずなのだが、それさえ持たずに闇雲に人生を歩いている人が多すぎる。

俺は本書で、そんな人たちを助けたい。

# はじめに

今、この激アツなメッセージを読んでいるということは、『読破』を何らかの理由によって手にしたというわけだろう。

きっと、

「負け犬になんてなってたまるか！」

「嫌なことはやりたくない！」

「俺の人生、こんなところじゃ終われない！」

「人生を逆転させてやる！」

「一旗あげたるわ！」

「会社なんかに頼って生きていくのはゴメンだ！」

「誰にもとやかく言われずに自分の力で生きていきたい！」

「独立起業してやる！」

と、反骨の心をメラメラと燃やしながら闇夜の中、１人で牙を磨いているような人には絶対にこの先を読み進めてほしい。

この本には、「たとえ地獄の底に突き落とされても、地獄の底で栄光をつかんでやる！」と本気で思っている人間が書き上げた、本音と本気が詰まっている。悔しさいっぱいのあなたが世の中を見返すためのきっかけになればと思い、俺は執筆を始めた。

成功するには縁やきっかけが重要だ。

今日、この瞬間、この本を手にしたのも「縁」や「きっかけ」だと思ってページをめくり、何かを始めてみてほしい。どんな小さなことでも構わない。スタートするのに遅いなんてことは何ひとつない。

第一歩を踏み出さないと何も始まらない。何でもいいから行動を起こそうぜ！

そして、手当たり次第にやってやってやりまくろう。

そのうちにあなたは必ず何かをつかむ。必ず。

まだ成功していない人は、残念ながら天才的な才能を持ち合わせていないはずだ。

無論、俺もビジネスの天才なんかじゃない。だけど、たとえ天才じゃなくても成功できる方法はある。誰でもできることを誰もができないほどやれば、誰でも成功できるのだ。

要は「やるか、やらないか」だ。

一度や二度失敗したからといって、それがどうした？

次に失敗しないように気をつけながら、成功するまで絶対にあきらめずにやり続ければいい。

## はじめに

「ちりも積もれば山となる」。手当たり次第にやってやってやりまくって、小さな成功をひたすら積み上げていくだけだ。そして、いつか大成功した暁には、俺と一緒に「あのとき、みんなに散々コケにされたけど、こうしてここまでのし上がってきたぜ！」と、声も高らかに祝杯を挙げよう。

ＯＫ！
やることは決まった。覚悟はいいかい？
派手にやろうぜ！

山口裕一郎

目次

目次

# 第2章　読戒

# 第3章 読破

## 【ケース別　自己啓発・成功法則書ガイド】

（第1章）

# 読解

## レッスン0
## コーラ瓶集めと魚釣りの日々から見えたもの

物心ついたときから、俺はお金儲けが好きだった。

小学生の頃、コーラが1リットル瓶で売られていて、その空き瓶を酒屋に持っていくと30円もらえた。朝になると、近所の学生寮や下宿のゴミ捨て場に行って、夢中でコーラの空き瓶を集めていたが、同じことを考えている輩も多かった。

燃えないゴミの収集車が回ってくる前の時間帯がいちばん、瓶の収穫があるので、ライバルに負けないように早起きしてコーラの空き瓶をひたすら集めてせっせと酒屋に持って行った。

年齢的にアルバイトができない小学生の俺にとって、自分にできる唯一のお金儲けの手段がコーラ瓶拾いだったので、夢になった。換金したお金で好きな物が買えるので、俺にとっては非常にやり甲斐がある〝仕事〟だった。

根っからの商売人だったのかもしれない。

## 読癖（第1章）Lesson 0

俺は東京・下北沢という繁華街で育った。友達の親が灯油屋、八百屋、プラモデル屋、中華料理屋、トンカツ屋など、商売を営んでおり、そういう環境が普通だと思っていた。だが、あとになって、それがかなり異常な環境だったことに気づく。

もちろん親がサラリーマンの友達もいたが、商売人ばかりの環境で育ったので、お金をもらって同等の商品を渡すという「ビジネスの基本」を、知らず知らずのうちに体得していたのかもしれない。

子どもなら誰でも観るアニメ『サザエさん』を観ても、酒屋の三平さんの仕事はわかるけれど、スーツを着て会社勤めをする波平さんやマスオさんたちがどんな仕事をしているかはまったく想像できない子どもだった。

ちなみに父親（2018年11月17日に83歳で亡くなった）は、下北沢で碁会所を営んでいた。

碁会所を開店する場合、初期投資で碁盤や碁石を揃えてしまえば、他はお客さんに無料で提供するお茶っ葉を仕入れるくらいで、それ以外はほとんど仕入れ資金が不要。親父の仕事といえば、お客さんの対戦相手を実力に合わせて決める、いわばコーディネーターだった。

自分が実際にビジネスをやるようになった今、冷静に考えると、テナント料だけ払ってしまえば、仕入れや経費がほぼかからないサービス業なので、親父は非常に利率の高いビジネスモデルを選択したものだと感心した。

碁会所の稼ぎ時は、日曜日や祝日。仕事が休みで暇つぶしに碁を打ちに来る人が多いのだ。そんな日は、親父に構ってもらえないので友達と魚釣りに行っていた。下北沢から多摩川がある登戸まで、小田急線の急行で2駅で行けたので、結構な頻度で魚釣りに行っていた。

釣り具屋で仕掛けや餌を買って、適当に見よう見まねでやっていたら少しは釣れたが、我流だと大きな成果を出せないことに気づき、『図解 釣り入門』といった本を、コーラ瓶を集めたお金で買ったり、図書館で借りたりして研究のために読むようになった。

これが自分にとって初めて読んだハウツー本になった。もちろん、その頃はそんなこと意識もしていなかったが、魚がもっと釣れるのであれば研究は惜しまなかったし、それに対して特に努力している感覚もなかった。

ただ、明日のため、未来のためにスキルアップできるのが読書であり、読書をすれば知識が増え、技術が上がると理解するようになっていたので、俺はこの頃から、可能な限り本を読もうと心に誓っていた。

## レッスン1
## 夢を実現したければ、本当に欲しいものは1つに絞れ！

法則：夢実現のための法則
書籍：『思考は現実化する』ナポレオン・ヒル著　きこ書房
箴言：あなたの夢の実現のためには、本当に欲しいものを1つに絞ることが大切です。ターゲットを絞り、集中することで、それに専念することができるからです。

自己啓発本、成功法則本の原典の一つ。全世界で1億冊を超える販売部数を誇るナポレオン・ヒルの『思考は現実化する』という本を知っているか？

きっと、タイトルくらいは聞いたことがあると思う。

願望を実現するための「目標設定の方法」をはじめ、「潜在意識の働かせ方」「実践的な計画作り」「モチベーションを生み出す魔法のアイデア」など、読んで実践す

**れば成功する確率は高いので、とにかく成功したいなら読むべき1冊。これを読まないと何も始まらない、と言っても過言ではないくらいだ。**

中学生時代。「サッカーが上手い」「勉強ができる」「ルックスがいい」といった、女子からモテる要素すべてにまったく該当しない俺は、絶望的で憂鬱な気分で、毎日、学校に通っていた。

やはり、小〜中学生時代は脚が速い子やサッカーが上手い子が当然、モテる。堅実派の女の子は女の勘がそうさせるのか、勉強ができる頭の良い子を好きになる傾向がある。

そして何より、運動や勉強ができなくても、ルックスがいい子は自然とモテる。小〜中学生の男子がモテる条件は、今も昔も変わらない。

そのすべてに該当しなかった俺は、モテない憂鬱な学校生活を送りながら、それでも何人かいた友達になぜか心をすべて許すことができなくて、自分で言うのもなんだけど、少し変わった少年だった。

下北沢の繁華街で父親が碁会所を営んでいて、自宅の風呂なしの賃貸アパートの本棚にはビジネスや成功法則の本がびっしりと並んでいた。

数々の本から、何となく手に取ったのがナポレオン・ヒルの『思考は現実化する』（原題「Think and Grow Rich」）だった。

カッコいいタイトルだったので『思考は現実化する』の目次に目を通し、「こういう本があるんだなぁ～」と認識はしていたものの、いかんせんガキの俺には英語の原書版は難しすぎて、読んでもまったく理解できなくて、結局は放置していた。

権威のある誰かが書いた成功法則本の内容より、俺の頭を支配していたのは、この年頃の童貞少年として至極まっとうな「彼女ほしいなぁ～。おっぱいとか触ってみてぇなぁ～。女の子とヤリたいなぁ～」という気持ち。それが高まり過ぎて、憂鬱な上に悶々とした日々を送っていた。

そんな俺に突然、転機が訪れた。

とある日曜日、原宿に友達と洋服を買いに行ったときのこと。ＪＲ原宿駅の前にあった「原宿テント村」で、トサカの高さを競うような派手でカラフルなモヒカン刈りをしたパンクスの軍団を目撃した。

今でも鮮明に覚えているが、童貞でモテない中学生の俺にとって、これは相当ショックな事件だった。「うぉ～～！　カッコよすぎる！」と思う以上に、ＪＲ原宿駅の改札を出たら突然、宇宙人の軍団に遭遇したくらいのとんでもないメガトン級のインパクトだった。

そして、完全に心を持っていかれてしまった。瞬間的に「この人たち、こんなにカッコいいんだから、俺もパンクになれば絶対にモテるはずだ！」と突然、閃いてしまったくらいだ。

後ろ髪を引かれる思いで原宿テント村をあとにし、友達と3人でパンクとは完全に無縁のファッション雑誌『POPEYE《ポパイ》』に載っていた女の子にモテそうな洋服を、やはり『POPEYE』に載っているお店で買っている最中も、

「パンクになればモテモテ人生が始まる！」

「まさにこれは神のお告げだ！　モテるヒント、いや、モテるチャンスを遂にゲットしたぞ！」

と、まだバンドメンバーも集まっていないのに、いや、楽器すら持っていないのに、パンクロッカーになってモテまくっている自分を一人で激しく妄想していた。

「『どうにかしてモテたい』と毎日、強く思ったからこそ、モテるためにパンクバンドをやって、パンクロッカーになるという活路を見出した」

「『どうにかしてモテたい』という強い気持ちが行動になり、原宿テント村を引き寄せたのかもしれない」

「思考は現実化する」には、

『あなたが実現したいと思う願望をはっきりさせる』
『実現したいと望むものを得るために、その代わりに何を差し出すのかを決める』
『願望実現のための詳細な計画を立てる』
『実現したい具体的願望、そのための代償、最終期限、そして詳細な計画、以上の4点を紙に詳しく書き出すこと』
『紙に書いたことを1日に2回、起床直後と就寝直前に、なるべく大きな声で読む。この時、もうすでにその願望を実現したものと考え、そう自分に信じ込ませるようにする』

など、成功法則の王道が、がっつり書かれている。

モテない学生時代。憂鬱な気分で毎日を送りながらも、「モテるためなら、女の子とヤレるならなんでもやってやる！」という信念だけはまったくブレていなかった。

そのために俺はパンクロッカーになることを決めた。

すぐにでもバンドを始めたい気持ちだったのだが、同じ学校でバンドをやっている奴がいなかったので、バンドが組めない。でも、高校に入ったら新しい友達ができるはずだと確信していた。「バンドやってた奴、バンドやりたい奴を探してバンドを始めるぞ！」とモテモテになる青写真を1人で頭の中で描いていたので高校に入るのが楽しみで仕方なかった。

それまではバンドの活動はしばらくお預けだけど、まずは恰好からということで、母親に買ってもらった真新しいジーンズをわざと破いてボロくして、「ラモーンズみたいでカッコいいなぁ〜」と大興奮しながら喜んでいた。

## レッスン2
## 何事も1万時間取り組んでエキスパートになろうぜ！

**法則：1万時間の法則**
**書籍：『天才！　成功する人々の法則』マルコム・グラッドウェル著　講談社**
**箴言：どんな分野でも、1万時間程度継続して取り組めば、その分野のエキスパー**

トになれる。

**「1万時間の法則」という法則がある。**

**今ではネットで調べたら出典不明でいくらでも出てくる法則だけれど、これはマルコム・グラッドウェルの書籍『天才！　成功する人々の法則』にも書かれており、愚直に実践すればどんな分野でもエキスパートになれる方法なのだ。**

**要するに、「生まれ持った才能より、どれだけ鍛錬を積んだか、という時間が大切で、どんなジャンルでも、成功を掴むにはそれ相応の時間が必要だ」ということ。俺にとって人生で初めての1万時間は、高校生のときから始めたベースの練習だった。**

## 読癖（第1章）
## Lesson 2

中学を無事に卒業し、高校生になった俺は「高校に入ったらモテるためにパンクバンドをやる！」という熱～い気持ちだけは相変わらず持っていた。とにかくパンクバンドをやれば女の子にモテて、彼女もできてやりまくり……と思い込んでいた俺は、担当する楽器や楽器自体のこともよくわからず、とにかく新宿のイシバシ楽器へとウキウキしながら足を運んだ。

ただ、楽器屋に並ぶギターやベースを見ても、どれを買っていいのかさっぱりわからなかった。厳密にはギターとベースの違いさえわからなかったのだ。どこからどう見ても〝ヘビメタ〟という金髪の長髪の店員さんの説明を一生懸命聞いても、まったくもってチンプンカンプン。

それにギターやベースは、どれも高校生の小遣いで買えるような金額ではなかった。色とりどりに並ぶ楽器たちを見て目を輝かせ、その下に掲げられた値札の0の数を数えてヘコむ――そんな繰り返しだった。

「とりあえず、金を稼ぐしかねぇなぁ～」

そう思った俺は、帰りに求人情報誌を買って（当時は今みたいな無料のバイト情報誌はなかった！）、「高校生ＯＫ」のアルバイトを手当たり次第に探しまくった。

そして、見つけたのがファミリー弁当という弁当屋（オリジン弁当の前身）のバイトだった。勤務先まで自転車で30分、時給は５３０円となかなかの安さだったが、高校生を雇ってくれるだけでもそのときはありがたかった。

バイト先では一生懸命働きながら「楽器を売ってくれるやつ、誰かいない？　ギターでもベースでもいい」と誰彼かまわず聞き回っていた。

そんな折、中学校時代の親友のＨが、高校の友達のＴを紹介してくれることになった。どうやらＴがベースを売りたがっているらしい。しかも、価格は１万円――そんな話だった。

「1万円で楽器が手に入る！」

一も二もなく速攻で俺が飛びついたのは言うまでもない。

晴れて俺は、河合楽器の黒いベースを手に入れた。もちろん、弾き方はまったくわからなかったので、今度は紀伊國屋書店新宿本店に走って『目で見てわかる　やさしいエレキベースの弾き方』（ケイ・エム・ビー）というエレキベースの教則本を購入。

それからは夢中で練習をした。

ベースに限らず、弦楽器を始めた誰しもが通る道として「指の皮が剥ける」というものがある。最初は指が赤くなって痛いだけなのだが、それでも毎日弾き続けていると、やがて水ぶくれができ、皮が破れてベロベロになるのだ。

当然、俺も、何度も何度も指の皮がベロベロに剥け、ベースを弾くたびに赤い鮮血が白いピックガードにこびりついた。でも、「ベースが弾けるようなってパンクバンドを組めば絶対にモテる！」というモチベーションのほうが勝った。尋常じゃない指の痛みにもどうにか耐えられた。

「とにかくモテたい！」

それだけの気持ちで、毎日何時間もベースを弾き続けた。

「1万時間」というと、ひょっとするととんでもない時間だと思うかもしれない。

でも、細かく割っていくと実はそんなでもない。

例えば、ベースを一日3時間練習したとして、365日＝1年間で約1000時間×10年で1万時間だ。中学1年生から始めて、大学卒業の頃には到達していることになる。

よく「社会人になったら3年はがんばれ！」と言われるけど、1日8時間、365日仕事をするとして（社会に出ると休みの日も頭の中で仕事のことを考えるものだからね）、1万時間は約3年半で達成できる計算になる。3年がんばれ、は実は理にかなっているのだ。

やっぱり1万時間の法則は、その分野でのエキスパートになるための〝間違いない法則〟だと思う。


さて、と。

ベースを始めた俺は、Hに今度はバンド経験者のMを紹介してもらうことになった。

Mは中学生のときからバンドをやっていて中学時代はベーシストだったが、ギタリストに転向したがっていた。それで俺はMにベースの弾き方を教えてもらい、やがてMとバンドを組むことになった。

Mは念願のギタリストに転向し、俺は憧れのベーシストになれる。

まさにウィンウィンだった。

ヴォーカリストは「女の子にモテそうなルックス」という理由だけでHに決定。ヴォーカルを決める理由なんて基本、こんなものだ。歌が上手いとかは関係ない。ドラムスはMが過去にバンドを組んでいたKが叩くことになった。

こうして、俺の人生史上初となるバンドが結成され、俺は晴れてパンクバンドのベーシストとしての人生を踏み出すことになった。

## レッスン3
## 誰でも何でもやればできるって！

法則：本気でやれば、誰でも何でも可能
書籍：『イリュージョン』リチャード・バック著　集英社文庫
箴言：それを学んだり勉強したりしようとする気持ちが大事なんだ。

パンクバンドを組んだ頃の俺は、リチャード・バックの『イリュージョン』という本にめちゃくちゃ感銘を受けていた。

内容をかいつまんで書くと、救世主をやめた男と、空を飛ぶ夢を追い続ける男という二人のジプシー飛行士が出会って話が展開し、「誰でも何でもやればできる」ということを説いている。

この本を読んでいると「俺だってできるんだ。絶対モテるようになってやるぜ！」と自然と思えるようになってくる。その人の立ち位置や精神状態によって、いろいろな捉え方ができる内容になっているが、「本気でやれば、何でも可能なんだ」というポジティブな気分になるので、特に自分の限界や壁にぶち当たっている人にはお

**すすめの1冊。読めば、今、目の前にある問題を解決させるための行動を自ら起こすようになるはずだ。**

バンドを組んだことがない人間がゼロからバンドをつくるのは至難の業だ。

初心者がバンドを組む場合、軽音部に入る手もあるが、ポップスや弾き語りのやつらばかりなので、その環境の中でパンクロッカーになるのは非常に難しい。第一、軽音部出身のパンクロッカーなんて、ナヨっこくてカッコ悪いので、俺には絶対にあり得ない選択だった。モテるためにパンクロッカーになりたいのだから。

結局、俺の場合はモテるために勇気を絞り出して行動した結果、奇跡的にメンバーが揃い、バンド活動ができるようになった。いろいろな偶然と幸運が重なって、パンクロッカーのはじめの一歩を踏み出したんだ。

はじめの一歩を踏み出したんだから、そこからは突き進むだけ。

俺たち4人は、高校の近くにあった「クレーン」という貸しスタジオに入って練習を重ねていった。セックス・ピストルズ、ラモーンズ、ザ・クラッシュ、シャム69、ダムド、ジャム、ラフィン・ノーズ、スター・クラブ……など、コテコテのパンクバンドをコピーしまくっていた。

ギターのMとドラムスのKはバンド経験があるとはいえ、みんな下手くそで、特に俺はメンバーの中でも群を抜いて下手だった。「カバー」なんてかっこいい言葉は使えないレベルだ。よろよろとした危なっかしいスタートの俺だったが、毎日、猛練習した甲斐もあって、ようやく地に足がついてきて、それなりにベースが弾けるようになっていった。

演奏の上達とともに、パンクバンドを始めてからは俺のファッションへの興味も大きくシフトチェンジした。それまでのPOPEYE系の洋服にはまったく興味がなくなり、原宿にあった666、ダブルデッカー、デッド・エンドなどのパンクショップで、パンクな洋服を買うようになった。

当然、攻撃的なパンクファッションの洋服が増えてきて母親はかなり嫌な顔をしていたが、そんなことは関係なかった。俺には、モテることが最優先事項だったからだ。

スタジオ代や洋服にお金がかかるようになると、当然だが資金が必要になった。それまでの時給530円の弁当屋を辞めて、コンビニエンス・ストアで時給700円スタートでアルバイトをすることになった。そこでアルバイトしていた友達の紹介があったため、楽勝で採用。1時間170円の時給の差はデカく、単純にうれしかった。

しかも、「おまえは体がデカい（身長が182センチある）から大学生に見える」という理由で、人手不足だった夜勤（24時〜8時）に入ることになった。時給25％増しというギャラを提示され、OKと即答。当時は今よりとても緩〜い時代で、ちょっと強引でイリーガルな勤務だったけど新しい扉を自らの手で開くことができた。

そんな感じで、バンドを組んでからの俺の高校生活は深夜から朝までバイトをして、そのままバイクで高校に行って、授業中は永遠に爆睡という毎日。

ちなみにバイク登校は校則違反だったが、今では考えられないと思うが当時は暴走族がかっこよくて、スタイリッシュ（？）で、暴走族に入っている悪い男がモテる風潮があったということもあり、バイクで高校に通っていた（バイク登校がバレて停学になる危険性があったので、バイクは高校から遥か遠くに停めていた）。

アルバイトも、高校生の深夜勤務は法律違反だし、今思うと使うほうも使うほうなのだが、自分にとって有利なビジネスの提案を受け入れていた経験は、若い頃からお金を稼ぐことに興味を抱いていたという自分のスタンスがよ〜くわかる出来事だ。

さて、バンドを始めて新しい扉を開いた俺は、バンド結成から半年後の秋、ついにライブをすることになった。友達が通っていた神奈川県内にある高校での学園祭ライブだ。

　学園祭のライブというパンクスとしては何とも可愛らしいデビューになったのだが、それでもステージに立つことは猛烈にうれしかった。なんたって、パンクバンドでライブをやれば、絶対に女の子にモテまくるはずなのだから。

　学園祭ライブ当日、俺はアルバイトで貯めたお金で買ったチェリーレッドのドクター・マーチン10ホールブーツで足元を固め、体育館のステージに立った。体育館は土足NGだったけど、ドクター・マーチンを履かないとパンクファッション的にはキマらない。当然のようにドクター・マーチンを履いて登場し、ラフィン・ノーズの代表曲『ゲット・ザ・グローリー』など、パンクの名曲を演奏した。

　初めてのライブでチューニングもヨレヨレ、散々な演奏だったが、パンクバンドを始めたおかげで人生初の彼女もできたし、望み通り、17歳で童貞とサヨナラできた。

　バイト、バイク、ライブ、彼女……などなど、『イリュージョン』を読んだら欲しいものを次々と手に入れて、望み通り、少年から大人の仲間入りを果たしたというわけだ。やっぱ、すげぇ〜本だ。

# レッスン４ 圧倒的な差別化で優位に立とうぜ！

法則：「気絶するほど魅力的な提案」と「圧倒的な差別化」
書籍：『小予算で優良顧客をつかむ方法』神田昌典著　ダイヤモンド社
箴言：「気絶するほど魅力的な提案」と「圧倒的な差別化」が必要で魅力的であるためには、他社がまねできない優位性を持たなければならない。

出版されてかなり年月の経つ本だが、神田昌典氏の『小予算で優良顧客をつかむ方法』では、１００年先でも使える、まったく色褪せないマーケティングの本質が語られている。

「気絶するほど魅力的な提案」と「圧倒的な差別化」。自分でビジネスをやっている人、興味を持っている人、起業をしようと思っている人、マーケッターの人、セールスライターやコピーライターを目指す人、やっている人――そう、お金を稼ぎたい人には絶対に読んでもらいたい１冊だ。絶対に。

タモリにはサングラス、おぎやはぎには眼鏡、舘ひろしにはハズキルーぺだ。これがないと彼らの魅力は半減すると断言してもいい。

同様にパンクスと言えば、革ジャンだ。誰がどう考えてもそうに決まっている。小学生でもわかることだ。

でも問題は、俺はその革ジャンを持ってなかったこと。問題というか、大問題だ。学園祭ライブで、パンクスの定番であるドクター・マーチンのブーツは2万円ほどですでに入手していたが、トータルコーディネイトを考慮すると、どう考えても革ジャンが必要だった。

「I have no 革ジャン」では残念ながらモテるはずはない。逆に、もっとカッコよくなってモテるためにはどうしても革ジャンが欲しい。

ラモーンズは全員、黒いライダース、ザ・クラッシュのメンバーはルイス・レザーズのライトニング、そしてザ・ダムドのメンバーもセックス・ピストルズのシド・ビシャスもカッコいいパンクスはみんな革ジャンを着ているという紛れもない事実がすべてを物語っている。

ただし、だからといって簡単に手に入るわけではなかった。

革ジャンは値段が高いので高校生にはなかなか買えないというのが実情。当時、ルイス・レザーズのライトニングは10万円以上したし、ショット・ダブルライダース618は5万円以上だった。そもそも、輸入モノのライダースジャケットを販売している店が少なかったというのも入手しにくい事情に拍車をかけた。

夜勤のアルバイトは続けていたが、バンドのスタジオ代＆練習後の飲み代（未成年のくせに）やバイクの免許取得のため教習所に通っていた事情もあり、なかなかお金が貯まらなかったのでノー革ジャンでの俺のパンク修業時代が続く。

そんな中、祖師谷サイコビリー軍団の一員であったYが、吉祥寺の東京ベルトという店にショット・ダブルライダース618が大量に入荷していて、4万円で買えると話してくれた。

授業が終わると放課後の掃除もせずに俺はアルバイトで貯めた4万円を握りしめ、バンドメンバーでヴォーカルのHと、ギターのMと合流して吉祥寺駅に行った。マルイの前の井の頭通りを三鷹方面に進み、やきとり「いせや総本店」が見えたら左折。井の頭公園沿いをひたすら歩くこと20分のところに東京ベルト吉祥寺店はあった。

東京ベルトは洋服屋というよりバイクレーサーのレーシングスーツ・オーダーショップという趣の店で、当然、スピード命のバイク乗りが憧れる赤や白と、革をベースにした派手な色のレーシングスーツが所狭しと展示され、販売されていた。

その一角に「どう考えても場違いだろ?」という感じでショット・ダブルライダース 618が、確かに大量に販売されていた。何度も試着させてもらい、最終的に身体にぴったりのサイズ36のショット618を購入。

まさに、これは俺にとって一生モノの買い物だった(その証拠に、この革ジャンは今でも所有している)。ショットを手に入れた瞬間、「本当の意味でパンクスになれた!」と心から思った。

このお気に入りで宝物のショット618を着て、登校した(俺の通う高校は制服がなく、私服だった)。春夏秋冬、本当に毎日着ていたので(夏場は灼熱地獄で、文字通りやせ我慢していた)、やがて革ジャンは俺のトレードマークとなり、2年D組の山口=いつも黒いショット618を着てるパンクなヤツという図式になった。結局、俺は高校を卒業するまでこのスタイルを貫くことになる。


でもやがて、俺は新たな自分の〝売り〟が欲しくなる。

当時、ルイス・レザーズのライトニングは10万円以上したので、半額以下で買えるショット618を着用しているパンクスは非常に多かった。バンドメンバーのMも

読癖（第１章）
Lesson 4

Ｈもバンド関係の友達も、みんな黒いショット６１８を着用していた。

要するに、せっかく手に入れたショット６１８だったが、自分の〝売り〟というところではもう一歩物足りなかったのだ。

10万円以上する2着目の革ジャンも良かったが（他に着ているやつを見たことがなかったから）、それよりもシド・ビシャス（セックス・ピストルズ）やポール・シムノン（ザ・クラッシュ）、ジョー・ストラマー（ザ・クラッシュ）などが履いていたエンジニアブーツが欲しい気持ちが高まっていた。特にレッド・ウイングのエンジニアブーツが一番クールで、これまた4万円以上する代物だった。

そして、レッド・ウイングのエンジニアブーツをゲットすると、今度はザ・クラッシュのメンバーが穿いていたジップパンツが欲しくなる。

同級生とはまったく違う「ＵＳＰ＝独自の売り」を打ち出すには、これらすべてはパンクスとして必要不可欠なギアだった。

『小予算で優良顧客をつかむ方法』には、「気絶するほど魅力的な提案」と「圧倒的な差別化」が必要で、魅力的であるためには他がまねできない優位性を持たなければならない、と書かれてある。

この当時はまだこの本は読んでなかったのだが、今になって考えてみると、モテるために独自の売りというか、カラーを出すために、一つひとつパンク的なアイテムを買い集めていたようだ。

## レッスン5
## 「なりたい自分」を決めれば夢は実現する！

**法則：夢を実現させる宝地図の法則**
**書籍：『幸せな宝地図であなたの夢がかなう』望月俊孝著　ゴマブックス**
**箴言：「なりたい自分」「なりたいレベル」を決めよう。**

**「夢や目標、ビジョンについての写真や文字を1枚のボードに詰め込んだ宝地図を作り、毎日見える場所においておくと、夢を忘れることなくいつでもワクワクとした感情で行動し続けられる」**

そんな話を一度は聞いたことがあると思う。

読癖（第1章）
Lesson
5

**望月俊孝氏の『幸せな宝地図であなたの夢がかなう』は、そんな、自分の夢を実現させる方法を詳しく解説した1冊だ。**

バンド活動と高校生活の傍ら、俺は16歳で中型自動二輪の免許を取ってバイクに乗っていた。煙草を吸うことが不良っぽくてカッコいいという風潮もあって煙草も吸っていたが、バイクに乗るのもやはり、女の子にモテるためだった。

夜勤のアルバイトをして貯めたお金で教習所に通い、初めて手に入れたのがホンダのレブルというアメリカンタイプのバイク。しかも、俺はこれを〝免許を取る前〟に購入していた。

教習所の近くにあった中古バイク販売店。当時、教習所に14万円を支払い、マジでお金がなかった俺は、断られることも恐れず、なりふり構わず販売店のおっさんに中古レブルの値引きを挑んだ。

「今、高校生でお金があまりないから値引きしてもらえないか？」

結果、全部込みで28万円だったものを、4万円値引きの24万円で交渉は成功し、免許が取れたら取りに来ると約束した。1日でも早く免許を取れるように気合を入れて教習を受けながら、納車される日を待ちわびていた。

そして結局、俺はこのバイクに5年間乗ることになるのだが、レブルはノーマルだとおっさん臭さ満点のバイク。だから、少しずつ改造して、かなりROCKっぽい感じにカスタムしていった。

アルバイトの給料が入ったらJR上野駅の入谷口にあるバイク屋街にパーツを買いに行って、自分でコツコツ改造していく日々を楽しんでいた。

そのときに参考にしたのが、バイク雑誌に載っていたカッコよくカスタムされたハーレー（ハーレー・ダビッドソン）だった。写真を切り抜いて、スケッチブックに貼りまくり、毎晩、ベットで眺めた。スケッチブックの写真を眺めながら、「いつかこういうハーレーっぽい感じの仕様にしよう」とワクワクしていた。

つまり、ハーレーの写真を貼りまくったスケッチブックが、俺の〝宝地図〟だったってことだ。

目標やビジョンをボードに貼る（＝目標を明確にする）ことでゴールに現実味が増し、実現に必要なエネルギーが湧いて自然と行動するようになることは、他の成功法則本にもほぼ必ずと言っていいほど登場するフレーズだ。

俺はそれを地で行き、10代のときに実現した。

さらにその後、ヤマハのＳＲ４００、同じくセロー２２５、ホンダのクラブ・マン、同じくＸ４、スズキのＤＲ２５０など乗り継いでいくのだが、それらは全部ロックっぽく改造して乗っていた。他人と同じノーマル仕様のバイクに乗るのが嫌いで、改造してロックテイスト満載にしてオリジナリティー溢れるバイクにしたのだ。

レッスン４で登場した「ＵＳＰ＝独自の売り」を打ち出すのは、服装だけじゃなく、他人とは違う仕様のバイクに乗るという理論にも発展した。そしてやはり、それを愚直に実行した。

もっというと、改造したのはバイクだけじゃない。肉体もファッションの一部だと考え、パンクス化してからは自分の肉体の改造にも着手し始め、自らの手でピアスを４つ開けていた。

ただ、これは肉体改造の序章の始まりでしかなく、どんどんエスカレートしていった。

## レッスン6 自由に、自分のやりたいことをやれ！

法則：失意の中からでも大きな希望を感じる
書籍：『かもめのジョナサン』リチャード・バック著　新潮文庫
箴言：われわれは自由なんだ。好きなところへ行き、ありのままの自分でいていいのさ。

レッスン3に登場した『イリュージョン』のリチャード・バックの代表的な作品としてもう一つ、世界的に有名なのが『かもめのジョナサン』だ。これもタイトルくらいは知っていると思う。

1970年、ヒッピー文化の時代に出版された小説で、自己啓発本としても読まれていて、歴史的名著と言われている。

特に「われわれは自由なんだ。好きなところへ行き、ありのままの自分でいていいのさ」という一文に、失恋によって失意のどん底に沈んだ俺の心は鷲づかみにされ、同時に大きな希望を感じさせてくれた。絶望的な気分になっているときに読みたく

読癖（第1章）
Lesson
6

なる1冊だ。

俺は高校時代につき合い始め、童貞を捧げた彼女と別れた。高校を卒業してからのことだ。高校は、実際は単位や出席日数がかなりヤヴァかったので、ギリギリで何とか卒業できた。

高校卒業後は本格的にバンド活動に没頭し、新宿アンチノック、新宿JAM、高円寺20000V、高円寺レイジーウェイズ、下北沢屋根裏などによく出演していた。

そんな時期に、彼女と別れた――というか、バンドに打ち込む俺に彼女が愛想を尽かしたと言うほうが正しいだろう。「他に好きな人ができた」と言って、彼女は去って行った。

俺は捨てられたわけだ。

以前より彼女を構ってあげられなくなっていたし、バンドをやっていると多少はモテたから調子に乗っていたというのもあるが、この別れはかなりのショックだった。

心にぽっかり穴が空いたような気分に陥ったが、「バンドでのし上がって天下を取る！」という異常なモチベーションはず～っとあったので、さらにバンドに打ち込んで彼女に捨てられた空虚感を打ち消そうとした。

当時、パンクスがバンドでのし上がる条件の1つに「腕っぷしの強さ」というものがあり、音楽的な実力より重視されていた。

ライブハウスでの乱闘事件も頻繁に起きていたし、亜無亜危異《アナーキー》あたりに影響を受けたのか、パンクスか暴走族か区別がつかない妙な連中も結構いて、縄張り争いのためにライブハウスに来て喧嘩しているようなカオスな状態だった。

もしもそういう状況になって逃げでもしたら、一瞬のうちにその噂は広まり、このシーンの中に居場所がなくなってしまう。

そんなことになったら、女の子にモテなくなるのは必至だった。

俺には、空手や柔道などの〝喧嘩に役立つ武道〟の経験がまったくなかった（剣道は何年かやっていたけれど）。つまり、喧嘩が強い男ではないので争い事は好きではなかったのだが、そんなことを考慮してもらえるはずもなく、闘うしかない状況によく巻き込まれた。

だから、そんなシチュエーションに備えて、イチコロで負けないように家賃3万円のJR三鷹駅付近の中央線線路沿いの風呂なしアパートで筋トレに精を出していた。

## 読癖(第1章)

# Lesson 6

あるとき、ライブの打ち上げで高円寺のガード下の「一休」という安居酒屋で20人くらいのパンクスたちと飲んでいたときのことだ。隣の席で、他のライブハウスでライブをしたパンクスたちも打ち上げをしていた。

このシチュエーション自体は、そんなに珍しいものでもない。

ところが、そのうちトイレのほうから「おまえ、いい加減にしろ! ぶっ殺すぞ!」と罵声が聞こえた。振り返って見ると、その日、対バンした仲間が他のグループの知らない誰かと掴み合いの喧嘩をしていた。

俺たちは喧嘩の仲裁をしようとして割って入った。だけど、一度パンクスの闘志に火が点くともう止められない。すぐさまグループ同士の乱闘に発展した。

(もう、めちゃくちゃじゃねぇ~か。はちゃめちゃすぎんだろう)

心の中で思っていた俺は、それでも喧嘩の仲裁をしようと体を割り込ませた。

すると、知らない奴にいきなり左目付近を思い切り殴られた。

反射的に殴り返す俺。すると、右拳が相手の頭部にクリーンヒット。当たり前だが、頭ってのは実に硬い。拳で岩を殴ったかのような衝撃が走る。

あまりの激痛に「こりゃ~骨が折れたかも。しばらくはベースが弾けないかもしれない……」と思ったほどだ。

乱闘事件がよく起きていたパンクス業界でも、特に新宿アンチノックや高円寺20000Vに屯するハードコア・パンクスはプライドを持ってパンクをやっている連中ばかりでかなり手ごわく、タフで怖く、乱闘騒ぎになると警察が出動することも珍しくなかった。

この日も、最初は殴り合いだったものがそのうち酒の瓶が飛び交い、非常事態を察した居酒屋の店長らしき人が「警察を呼んだぞ！」と大声で叫ぶ事態にまで発展した。乱闘騒ぎの「傷害事件の容疑で逮捕」はさすがにヤヴァい――と全員が肌で感じ、乱闘は終止符を打った。

しばらくして2人組の警察官が来て、俺たちはその場で事情聴取されたのだが、大ケガした奴もいなかったので諸注意だけで済んだ。

とまぁ、こんな感じの乱闘騒ぎや小競り合いは日常茶飯事。

そんなふうに人生を送っていたのは、当時、失恋によって失意のどん底に沈んだ俺の心を鷲掴みにし、同時に大きな希望を与えてくれた『かもめのジョナサン』の一節のおかげだ。

「われわれは自由なんだ。好きなところへ行き、ありのままの自分でいていいのさ」

読癖（第１章）

# Lesson 6

世間の常識にとらわれなくても全然いいんだ。

やりたいように好き勝手やってやるよ。

やりたいようにやりゃ～いいんだ。

この本を読んだおかげで、自分の状況をポジティブに考えられるようになった。20歳になったときには、当時のバンドのギタリストだったＳに彫師を紹介してもらい、左肩に「Don't Tread On Me」とタトゥーを彫ってもらった。

日本語に訳すと「自由を踏みにじるな」と「自分を裏切るな」のダブル・ミーニングになっていて、とても気に入っている。拳大の大きさで５万円と、当時の俺には高額な出費だった（当時のバイトの収入は月15万円ほど）が、もう普通の人には戻れないと思うだけでとてもうれしかった。

一生消えない文字を身体に刻み、一生、やり抜くために腹を括ったわけだ。

さらに、凝り性な性格は相変わらずで、１つだけでは満足できず、吉祥寺マジカル・タトゥー、新宿インク・ルームなどで次々とタトゥーを彫ってもらった。

髪の毛もピンクやブルーといった派手な色に染め、昼間は建築現場などで肉体労働で生活費を稼ぎながら、いつの日かメジャーデビューする時を夢見る毎日。こんな髪の毛だと、普通のお店では逆立ちしても雇ってもらえるわけもなく、かといって、レコード屋や洋服屋の店員では時給が安くて長続きしない。結局、肉体労働ばかりをしていた。

でも、そんな日々も長くは続かなかった。

肉体労働をしながら、バンドの活動は新宿、高円寺を中心に月2回ペースでライブを続けていて、「このままやっていけばいい線行けるんじゃないか」という手ごたえを確かに掴み始めた頃。

当時、いちばん力を入れていたバンドが音楽雑誌に載ったり、インディーズレーベルからCDをリリースしたりと順調に活動していた矢先、突然そのバンドが解散することになった。

ただこれは、俺に対する〝方便〟でしかなかったことがすぐにわかった。

バンド内では「解散」という話だったのだが、その直後、俺以外のメンバーで新バンドを結成するという、自分にとって最悪の状況を目の当たりにすることになったのだ。

こんなクーデター、ありなのか？

邪魔者は俺だったのか？

失意の底に沈んだ俺は精神的にもやられてしまい、今まで一度も行ったこともない東南アジアに放浪の旅に出ることにした。





## レッスン7
# 成功したければ失敗しても絶対にやめないこと！

法則：絶対に成功するための法則
書籍：『松下幸之助 発言集』松下幸之助著 PHP文庫
箴言：失敗したところでやめてしまうから失敗になる。

大阪府守口市に本社事務所を構えるパナソニック株式会社は、日本を代表する大手企業の１つ。その創業者として恐らく知らない人はいないであろう人物が松下幸之助だ。

「経営の神様」としても知られ、関連書籍を含めれば数多くの書籍を出している松下幸之助の『松下幸之助 発言集』は、プー太郎生活でどん底にいた俺を、ヒモ生活

**から脱出させてくれた、とても意義のある1冊だ。自分の成長や読む時期によって受ける感想が違う〝スルメのように味わい深い内容〟なので、今の自分と照らし合わせて、長く読み続けてもらいたい。**

自分以外の元バンドメンバーが新バンドで活動している事実が嫌で嫌で耐えられず、日本から逃げ出した俺。「東南アジアへ放浪の旅」と言えば少しはかっこよく聞こえるのだが、実際はただの現実逃避。

どこまでも遠くまで行ってやろう。行けるだけ遠くまで。

そんな想いでタイからマレーシア、インドネシア、シンガポールなどなど、約3カ月間、東南アジアをふらついてグッタグタな生活をしていた。そして、特筆すべきこともなく、最終的にはポーカーで負けて文無しになって仕方なく帰国した。

3カ月間も仕事をしてなかったわけだから、当然、帰国してもお金がない。それでも飯を食っていかないと本当に野たれ死にしてしまうので、帰国後は日雇いの現場仕事をしながらギリギリの生活をするのが精いっぱい、という〝その日暮らし〟をするハメになってしまった。

朝7時に出社し、18時頃に終了する勤務体制で、給料は交通費込みの1日8000

読癖（第１章）
Lesson
7

円。本当にギリギリ生きていけるレベルだった。

そんな見通し真っ暗な日々の中、俺は以前から気になっていたＪＲ中野駅の近くで一人暮らしをしている女の子に、思い切って電話してみることにした。しばらく会っていなかったのだが、彼女はライブにも何度か来てくれたことがあり、電話番号を知っているくらいだから、それなりの友好関係だったということだ。

当時はまだ携帯電話なんてない時代で、電話ボックスの緑色の公衆電話にテレフォンカードを差し込み、ドキドキしながら電話した。そして、何とか飲みに行く約束をした。突然の電話だったにも関わらず、割とすんなりと飲みに行く約束ができた。

ＪＲ中野駅の北口にあるブロードウェイ入口で20時に待ち合わせして「居酒屋 俺んち」という煙草の匂いが染みついた安い庶民的な居酒屋で飲んだ。お互いに久しぶりに会ったので予想以上に話が弾み、気づくと中央線の最終電車を逃していた。

当時、俺は三鷹に住んでおり、中野から歩いて帰れる距離ではなかった。とはいえ、日雇いの現場作業の仕事でその日暮らしをしている身だから中野から三鷹までのタクシー代なんてありゃしない。それに、久しぶりに会ったうら若き独身女性に、いきなり「終電逃したから泊めてくれ」とも言えない。

どうしたもんか……困っていると、なんと彼女のほうから一気に酔いが醒めそうなくらい素敵な発言があった。

「どうせもう電車で帰れないだからもう1軒、飲みに行こう」

幸い、翌日の日雇いの仕事はなかったので予定はまったく問題ないのだが、持ち金はもう1軒飲みに行けるほどじゃなかった。

俺は恥を忍んで正直に言った。

「悪い。正直、金がないんだ」

「お金ないならコンビニでお酒を買って私の部屋で飲めばいいいんじゃない？　狭いけど」

まさに神だ。そんなこんなで深夜2時過ぎに彼女の部屋に入れてもらい、コンビニで買った安いチーズとポテトチップスをつまみにビールを飲み始め、気がつくと時刻は深夜3時を過ぎていた。

さすがに宿泊までお世話してもらっている日雇い現場作業員が、心優しい彼女に襲いかかるわけにはいかない。彼女は普段通りベットに寝て、俺は床で寝るという〝中野平和条約〟を結び、この日は静かに夜を過ごした。

ただ、この中野平和条約が守られたのはこの日だけだった。

その後は平和条約は当たり前のように破られ、俺たちは男と女の関係に。そして、

読癖（第１章）
Lesson 7

そのまま彼女の部屋で俺の新しい生活が始まった。

「土方殺すにゃ刃物はいらぬ、雨の3日も降ればよい」

という言葉がすべてを表しているように、現場仕事は基本的に雨が降ると休みになる。すなわち雨が降ると収入ゼロで日給ゼロ。現場が少ない時は1週間に1日か2日しか勤務できないときもあり、そうなると月収5万円なんて月もあったほどだ。定期収入という面ではとても不安定だ。

だけど、東南アジアから日本に帰ってきて恋人と同棲を始めた俺にとって、日雇い現場作業員らしく実に細々とした質素な生活をしていたものの、彼女の家にいれば雨風は凌げたし、なんたって自分のアパートにはない風呂があった。

相変わらず金はないが、至れり尽くせり。

いや、違う。

完全に〝勘違い〟している。

自分的には『かもめのジョナサン』に大きな影響を受けたので、「ジョナサンよもっと他人を愛することを学ぶことだ」という言葉を地で行ってるつもりだったが、実際は単なるヒモで家賃も払えない厄介な居候だった。

今の俺の状況を全部把握している彼女はとても優しいので、文句も言わずに無一文の俺を養ってくれている。

当然、彼女に対する感謝の気持ちは強くあったのだが、なんだか日に日に情けない気持ちになり、もう一度、何かに挑戦しなくてはという思いに駆られるようになるのに、そう時間はかからなかった。

自他ともに「まずは安定した仕事をしろ！」というのも当然あった。そのためにはまずこのヒモ生活から脱出しなくてはいけない。

さらに、俺がのし上がるにはどう考えても音楽しかなかった。ベーシストからベーシスト兼ヴォーカルにパートチェンジすることにして、曲を書き始め、ライブシーンへの復活を目指すことを誓った。

現場仕事がない日には彼女の家でだらけた生活をしていたのだが、そんなしょーもない生活をぴったりとやめ、中野区立図書館にＣＤを借りに行ったり、ビジネス書の棚は毎回チェックするようになった。

今の自分にとってプラスになりそうなビジネス書があれば、すべて読むつもりだったし、本を読むことでビジネスの知識がアップしていくのが楽しかった。それに、成功法則本は作詞のネタにもなっていたので一石二鳥だった。

そんな中で見つけたのが『松下幸之助 発言集』だった。

「見つけた」というより、まるで俺に発見してもらいたかったかのように、山ほど並ぶビジネス書の棚の中で、その本は背表紙が金色に光っていた。まるで、松下幸之助が「こっちの世界に来い！」と俺を呼んでいるようにも感じられた。

この本を借りて帰った俺は、これまでの足踏みを取り戻すように、夢中でむさぼるように読み進めた。

「失敗したところでやめてしまうから失敗になる」

そして、この一文に背中をど～～んと押された。

そうだ。俺はまだ失敗したわけじゃない。今の状況を「失敗」にしないために、行動し続けるんだ！

「絶対に失敗してもやめない！」と強く心に誓い、この日は俺が松下幸之助流の成功哲学をたくさん身につけて、絶望のどん底から立ち上がった日にもなった。

まずは生活と経済面を立て直して、それからバンドでの音楽活動。

ライブで良い音を出すにはもっと良い音が出るビンテージの楽器を手に入れる必要があると以前から感じていた。そのためには金がいる。

コンビニで無料のバイト情報誌を手に入れて、良さそうな求人記事に片っ端から電話をかけ（彼女の部屋の電話を無断で借りた）、結果的に彼女のアパートの近くにあった運送会社でお酒の配送の仕事を勝ち取った。

勤務時間は朝7時から16時くらいまで、日給1万円、日曜祝日が休みで、前もって届けを出せば他の日でも休める。俺にとって理想的な仕事だった。

そして翌日、現場作業員のアルバイトを辞めて、月収5万円の生活に終止符を打ったのだった。

## レッスン8
## 今の自分は自分が引き寄せた自分である！

**法則：なりたい自分を引き寄せる法則**

**書籍：『お金と引き寄せの法則』エスター・ヒックス、ジェリー・ヒックス共著 SBクリエイティブ**

**箴言：自分に起きる事は、自分が思った事からしか起こらない。**

## Lesson 8

### 今の自分は自分が引き寄せた自分である！

**成功法則を語るとなると昔から外せないのが「引き寄せの法則」。今はいろいろな人がいろいろなメソッドで引き寄せを語るようになったが、俺の中での引き寄せの法則と言えば、エスター・ヒックスの『お金と引き寄せの法則』だ。**

**良いことを考えれば良いことを引き寄せ、悪いことを考えれば悪いことを引き寄せる、という「自分の思いが引き寄せる」というのが引き寄せの法則だ。さらにこの本では、お金を引き寄せるための考え方、健康、キャリア、実践方法についても詳しく解説している1冊。**

新たに採用された運送会社で、俺は一生懸命に働いた。

ライブの打ち上げでお酒を飲み過ぎて二日酔いになり、翌日の仕事で回収する酒瓶の匂いで吐きそうになることを除けば、アルバイト採用された運送会社の仕事は、ほぼ理想的だった。

なんたって1人で2tトラックに乗って、移動中は好きな音楽を爆音で聴いてもOK。

飲食店に酒を納品し、ビールのケースなど重い物を一日中積み下ろしするので自然と筋トレになるため、部屋で筋トレしなくていい。

休憩中には歌詞を書いたりすることもできる。

これでお金までもらえるんだから、理想と言わずに何と言うって感じだった。

ただ、一つ悩みがあった。もちろん、バンドのことだ。

ベーシスト兼ヴォーカルにパートチェンジしたのはよかったが、ヴォーカルとして歌の歌詞をどういう方向性にするかがなかなか決まらなかった。

例えばパンクロックで有名なセックス・ピストルズやザ・クラッシュなんかは「権力に楯突く攻撃的な歌詞」が多く、その後に登場するディスチャージ、G・B・H、エクスプロイテッドといったいわゆるハードコア・パンクは「反システム、アナーキズムを貫き、オリジナルのパンクロックより過激な主張」があった。

パンクロックは元々、イギリスの経済的不況に対する反発から生まれた音楽だ。だから、自然と歌詞が反体制的なものになる。

だけど、俺は確かにパンクロックに大きな影響を受けているが日本に生まれ、今を生きている。イギリスのパンクバンドの路線は全然違うと感じつつ、同時に「俺は何を歌うべきなんだろう?」と悩みながら、詩を書いてはボツにして、その中でも使えそうないい言葉だけノートに書き残し、また書いてはボツにして……を繰り返していた。

そんなタイミングで「引き寄せの法則」を知った。困ったときは今の自分の気持ちにぴったりな本を探して読む――この習慣と、「すごい歌詞と成功を引き寄せたい！」という心情が引き寄せたんだと思っている。

良いことを考えれば良いことを引き寄せ、悪いことを考えれば悪いことを引き寄せるという「自分の思いが引き寄せる」という法則だった。

世の中に存在する多数の成功法則本に「自分がなりたい姿を紙に書いたり、口にしていると成功する」ということが書いてある。「これを愚直に実践するしかねぇ～」と、どうせ歌うならなりたい自分になるためにポジティブな言葉を選んでオリジナル曲に乗せようと決めた。

なりたい自分はどんな自分なんだろう？

自分が望んでいる未来はどんな未来なんだろう？

そういうことを考えて歌詞を書くと、だんだんとコツを掴んできて、断片的だが歌詞ができていった。どうしても良い言葉がハマらなかったり出てこないときはたくさんの成功法則本を読みあさり、ぴったりな言葉を探した。

そして、

「MY LIFE MY SONG」
「GLORY WAY」
「REVOLUTION GENERATION」
「THIS IS MY WAY」
「LET'S HOT!」

など、人生が開ける！　夢を掴む！　成功する！　といった、極めてポジティブな言葉をブチ込んだ歌詞を、速いテンポの曲に乗せるパンクナンバーをたくさん作った。

本に書いてある通り、毎日「成功」「栄光」と歌っていれば自然と言葉を口にするので、「絶対に俺の人生、逆転できるぞ！」という期待が膨らんでいった。

ちなみにこの、肯定的な言葉を何度も何度も繰り返して潜在意識に働きかけることを「アファメーション」という。これも数々の成功本に書かれているメソッドだ。

俺の場合、オリジナル曲を作って今後の成功をイメージした歌詞を書き、歌いながらアファメーションを行っていたのだ。

読癖（第1章）
Lesson 9

# レッスン9
# 人の心を突き動かすには人に好かれることだ！

法則：人を動かすための法則
書籍：『人を動かす』デール・カーネギー著　創元社
箴言：人に好かれる6原則。

人が生きていく上で身につけるべき人間関係の原則と人に好かれて人の心を突き動かすための行動と自己変革を実話と事例を交え、説いている歴史的名著と言えば、デール・カーネギーの『人を動かす』だ。成功を手に入れたければ、とにかく『人を動かす』は読むしかない。これを読まずに成功はない。そのくらい、あらゆる成功法則本の元祖と言って差し支えない。

古今東西の人心掌握について分析してあり、心理学的な裏づけや、いろいろなジャンルの著名人のわかりやすいエピソードを用いて紹介している。かなりのボリュームがある本だが、今ではマンガにも文庫にもなっており、昔よりも多くの人が手に

## 取りやすいようになったので、絶対に読んでほしい。

曲を作りながらいつかは最高のメンバーでバンドを組んで、メジャーシーンに殴り込みをかけて下剋上をするつもりだった俺は、昼は運送会社でアルバイト、夜はバンド活動という日々を送っていた。

恋人とも、彼女の部屋に入り浸るというよりは「同棲」という状態で、相変わらずお金はなかったが、以前よりも安定した生活を続けていた。

そんな矢先のこと。俺は結婚することになった。

当時、俺は26歳。文字通り、結婚の話はいきなりやってきた。

「お父さんに会ってほしい」

ある日、突然、同棲している恋人から言われた。

彼女には2人の姉がいた。姉2人は実家がある東海地方のある町に住んでいて、時折、上京してきては、宿泊費を削減するために彼女の部屋に泊まっていた。

そのときだけは俺は友達の部屋に泊まらせてもらったりしていたのだが、やはり男の匂いというか、普通は女性が持ってないひげ剃りなどが風呂場にあったりして、姉たちが、妹の男の気配に気づくのに時間はかからなかった。そして実家に戻った姉たちが、そのことを親に報告したらしかった。

ちなみにだが、東海地方と言えばパンクロックのメッカであり、「ザ・原爆オナニーズ」や「ザ・スター・クラブ」など大御所パンクバンドの本拠地は名古屋だったりする。今になって振り返ってみると、やはり、俺はパンクに引き寄せられる運命の星の下に生きる定めだったと思う。


正直、実家に行くことになったときは、大事な娘に手を出した罪でお父さんに殺されるんじゃないかと本気で心配していた。だが、こうなってしまったら逃げるわけにもいかず、彼女の実家に行くことになった。

品川から「ふらっとこだま（1ドリンク付きの格安プランの新幹線チケット）」で彼女の実家に行って、ビビりながらも彼女の実家でお父さんとご対面することになった。

どう考えても完全にアウェーの戦い。

俺1人VS名古屋グランパス8状態だ。

彼女の実家だから、逃げ場もない。仮に逃げたとしても、人生初の名古屋だったのでどこに逃げればいいかもわからない。

どこにもない！　NO WAY OUT! (By OUTO/オウト)

「だったらもう、煮るなり焼くなりしろ！」とばかりに、俺は腹を括っていた。

しかし、実際に彼女の実家へ行ってみると、なぜか事態は好転していった。家についてみると、お酒はもちろん、お寿司や彼女のお母さんが作った煮物なんかが食卓に上がっていて、予想外に歓迎ムード。彼女の家族が全員揃ったところで、食事会（？）がスタートした。

お父さんは「東京からようﾞ来たなぁ。まぁ～飲みゃ～」と、バリバリディープな方言全開で話しかけてきてお酒をどんどん注いでくる。

面倒な事態は早く片づけないといけない、とばかりに目いっぱい&精いっぱいの笑顔で「山口裕一郎と申します。娘さんとお付き合いさせてもらってます」と震えていた俺だったが、お父さんの予想に反するかなりご機嫌ムードで、瞬時に頭がグルグルと回転し、態度を切り替えることにした。

D・カーネギー流「聞き手にまわる」だ。

『人を動かす』の第2部には「人に好かれる6原則」というものがあった。

そのうちの、

・笑顔で接する
・聞き手にまわる

で、お父さんに対応。とにかく俺は聞き手にまわり、訛った言葉の意味なんて理解できなくても、相手にしゃべらせようと考えた。

そして、笑顔を絶やすな！

引き吊っていてもいいからとにかく、笑顔だ。

スマイル。そう、スマァ～～イルだ！

D・カーネギー先生を信じるんだ！

（普段から『人を動かす』を熟読していたのでこういうときにD・カーネギー流ノウハウが出るのは俺もなかなか成長したもんだぜ！）

（さっきまでお父さんの顔が鬼のようにみえたのは気のせい？）

（刺青入れてるので、このあと、一緒に風呂に入ろうと言われたらどうしよう……）

そんな心配が頭の中を駆け巡ったが、俺は笑顔を絶やさず、聞き手に回り続けた。

ディフェンシブな戦いは長時間に渡った。気を抜くわけにはいかないから緊張しっぱなしだったし、ずっと正座を崩せなかったが、それでも一口、お酒を飲むとすぐにお父さんとお母さんのコンビが地獄のツープラトン攻撃でお酒を注ぎ足すので、いつしか俺の頭は酔いでグデングデンになっていった（注がれたお酒を飲まないと場の空気が悪くなることを懸念して、昭和のおもちゃの水飲み鳥のようにお酒を飲み続けたのだ）。

気づくと、最初に感じていた殺気のようなものは綺麗に消えていた。

というか、俺が1人で勝手に「殺される、いや、怒られる」と思っていただけのようだった。初めから殺気なんてなかったのかもしれない。

「裕ちゃんとは、あんばようしないかん」

？？？　頭パニック！

そんなお父さんの言葉を、彼女が「裕ちゃんとは上手くやりたいんだって」という感じで通訳してくれた。

そんな感じで、特に粗相をすることもなく、アウェー開催のこの試合を俺はなんとかクリアした。

あとから知ったことだが、彼女のお父さんはかなりの酒飲みで、煙草も吸う方だった。だから、同じく酒飲みで煙草を吸う俺をかなり気に入ってくれたようだった。

だが、何がどう転がってか、東京に戻ってから話は大きく飛躍しまくり、俺は彼女と結婚することになっていた。

確かにお父さんの目を見て「娘さんとお付き合わせてもらってます」とは言った。だが「娘さんを私にください」とは言ってない。今さら無実を主張しても仕方ないのだが、結婚に関するキーワードは一言も口にしてない。

東海地方の風習では、親とお酒を飲み交わすと結婚に同意したことになるのか？

恋人のことは好きだったし、極貧時代に本当にお世話になったので結婚したくないわけじゃなかったが、話の展開が急すぎた。

バンドはこれからだし、そもそも俺、フリーターだし……。

しかし、この展開になると話の流れが早い、速い、止まらない！

そんなこんなで神輿に乗せられるようにして、プロポーズもしないまま結婚することになってしまった。

これはあくまでも想像だが、もしかしたら俺は、知らず知らずのうちに『人を動かす』の第１部「人を動かす３原則」の１つ、

・強い欲求を起こさせる

を刺激してしまい、彼女のお父さんとお母さんの強い欲求である「娘の幸せ＝結婚」のほうへと気持ちを大きく向かわせてしまったのかもしれない。

だとしたら、D・カーネギー恐るべし。

お願いしてもいないのに、若い男と女を一瞬で結婚させてしまう、とてつもないノウハウだ。

ヤヴァすぎる。破壊力満点だ！

## レッスン10

## 望む結果を明確にすれば夢は叶う！

**法則：自分の夢をかなえ、人生を成功させる法則**

**書籍：『あなたの夢を現実化させる成功の9ステップ』**
**ジェームス・スキナー著　幻冬舎文庫**

**箴言：今こそ自分の行動を変え、新しい考え方のレベルに到達するときだ。**

## 読癖（第1章）
## Lesson 10

**ジェームス・スキナーを知っているか？**

**スティーブン・コヴィー博士の『7つの習慣』を日本に知らしめた人だ。そのジェームス・スキナーが出した書籍が『あなたの夢を現実化させる成功の9ステップ』。タイトル通り、成功のための9つのステップを解説している書籍だ。9つは項目が多いような気がするかもしれないが、難しい内容ではない。今、自分ができるところから始めてみることができるし、そのように説いている1冊で、『思考は現実化する』（ナポレオン・ヒル著）『幸せな宝地図であなたの夢がかなう―きっと！今日から人生が変わる』（望月俊孝著）『7つの習慣』などと一緒に読むことをおすすめする。**


26歳で最初の結婚（笑）をし、徐々に曲が揃ってきた俺は、ライブシーンに復帰したくてウズウズしていたというのもあって、新たにバンドを始めるためのメンバーを探した。

『あなたの夢を現実化させる成功の9ステップ』には、

「自分の心を決めて（決断）、思い切った行動を取り（行動）、アプローチを改善させ（改善）、ほかの人を自分の夢に参加させたのだ（リーダーシップ）」

「うまくいっている人、成功者をひたすら真似る」

という教えが書いてある。

基本的には、この本は『7つの習慣』をブラッシュアップした内容だが、俺はまだこの本を読んでいなかったにもかかわらず、無意識のうちに上手くいっているバンドを徹底的に研究して真似ることにしていた。

ベース&ヴォーカルの俺とともにフロントに立つギター&ヴォーカルは、何度か対バン（一緒のライブハウスで共演すること）したことがあるAちゃんが候補で、単独1位指名だった。ベースの女房役であるドラムを叩く男も、同じく単独1位指名でK。

Aちゃんは純粋なパンクスではないが、ザ・フーに強い影響を受けていて、ギターの演奏力は高く、年齢は俺の4つ上。ライブの度にギターを叩き折っていて、俺は「もったいないなぁ～」と思っていながらも、その振り切れっぷりはめちゃめちゃカッコ良いと思っていた。

Aちゃんに電話して2人だけで飲む日を決めた。

京王線の桜上水駅から甲州街道に向かって10分ほど歩いたところにあったAちゃ

んのアパートに行って、安い酒を飲みながら持参した新曲のデモテープを聞いてもらった。

あれやこれやを語り合い、最後はいいタイミングで俺が告白し、結局、ギター&ヴォーカルとして新バンドに参加してもらうことになった。Aちゃんが俺の脇を固めてガツンとくる規律のメロディーを弾いてくれれば、絶対にカッコいい曲になることは決まっていた。

ようやく相棒を見つけた。それも最高の相棒だと思った。まるで、長いトンネルから抜け出したような清々しい気分だった。


ドラムのKとの最初の出会いは、俺がスタジオに貼ったメンバー募集の張り紙を見て、電話してきたことだった。そのとき組んでいたバンドは残念ながら短命だったが、個人的な交流は続いていた。

中村達也（元・ブランキー・ジェット・シティ）のような重心の低いどっしりとしたドラミングが持ち味でプロになるために大分県から上京して来ただけあって、流石に安定したテクニックを身につけていた。

「めちゃカッコいいギタリストと新バンドを作ることになったから、参加してほしい」

そう告げると、すんなりOKしてくれた。

ベース&ヴォーカル：裕一郎
ギター&ヴォーカル：Aちゃん
ドラムス：K

まさに俺が『あなたの夢を現実化させる成功の9ステップ』のごとく夢に描いた最強のメンツが遂に揃った。

バンドの音が固まってライブを重ねていけば、同世代で俺たちよりいち早くメジャーデビューしたウルフルズとかザ・ミッシェル・ガン・エレファントに負けないバンドになるという期待も大きかった。

さらにこの本には、他にもいろいろなことが書いてあった。

「課題や問題をより細かく区切る」ことに関しては、まずはバンドのメンバーを固めることだったので、クリアできた。

「望む結果を明確にする」ことに関してはずっと一貫していて、プロになって食っていくことだけを考えていた。

「リスクを計算し積極的にチャレンジする」のは当然やっていたが、もっと果敢にやっていこうと心に決めた。

他の書籍として『7つの習慣』『人を動かす』などはすでに読んでいたのだが、『あなたの夢を現実化させる成功の9ステップ』のほうが断然わかりやすく、理解しやすい内容で、分厚いこの本を読み終えたときに、なんだか一気に成長したような気がした。

バラバラに散らばっていた点と点が一気につながり、線になり、自分自身の行動を変えたら、新しい考え方のレベルに到達したのだ。

ついにメンバーを結成した俺は、復活の狼煙を上げるべく、リハーサルを開始することにした。

## レッスン11
# 成功したけりゃ、決断の先延ばしはするな！

法則：その分野で成果を出すための最短の方法
書籍：『ユダヤ人大富豪の教え 幸せな金持ちになる17の秘訣』本田健著　だいわ文庫
箴言：自分の大好きなことを見つけたら、その分野で大成功している人を探すことが重要であり、その分野で成果を出すためにはその道のプロに聞くのが最短の方法。

日本でD・カーネギーくらい有名な、ビジネス書・自己啓発書の作家と言えば、本田健だ。名前くらい、きっと聞いたことがあるだろう。複数の会社を経営する「お金の専門家」で、『ユダヤ人大富豪の教え』をはじめとする著書はすべてベストセラー。世界でも翻訳が行われているベストセラー作家の1人だ。

そんな本田健の代表作の1つ『ユダヤ人大富豪の教え 幸せな金持ちになる17の秘訣』には、自分が「これ！」と決めた分野で最短で成果を出すための方法が書かれている。その後の俺の人生にも大きな影響を与えてくれた1冊だ。超おすすめ。

読癖（第１章）
Lesson
11

夢に描いた最強のメンツが揃い、激しくライブ活動を続けていた俺だったが、とはいえ、それだけで食っていけるほど世の中は甘くなかった。

相変わらずのアルバイト生活だったし、それに加えて〝音楽的な仕事〟もたまにやって生計を立て、バンド活動を続けていた。

俺のところに来ていた音楽的な仕事とは「テレビのちょい役」か「当て振り」ばかり。

当て振りとは、テレビ番組やＰＶ（プロモーションビデオ）などで、アイドルなんかのバックで楽器を弾いている〝フリ〟をする仕事だ。あくまでも弾いているフリをするだけ。弾いてないのに、ノリノリで。当時は、赤坂にあるＴＢＳ系のスタジオでパフィーの当て振りの仕事依頼なんかも受けていた。

ただ、どちらもあまりお金にはならない。

「これってミュージシャンの仕事だろうか？」という自分自身への疑問もあった。

ミュージシャンが、音も出さずにこんなことやって金をもらっていいのか？

というか、ステージで音を出しているときの疾走感だけが生きている証明だった俺にとっては、やはり自分の腕、すなわち自分の音でのし上がりたかった。

ただその想いとは裏腹に、純粋に音で勝負できる仕事の依頼はほとんどなかった。バンドでのライブ活動は激しく続けていたが、メジャーから声がかかるわけでもなく、毎回のライブは赤字だった。

ここでちょっと補足。

バンドがライブをやると儲かるものだと思う人もいるかもしれないが、それはごくごく一部のファンがついているバンドだけ。ほとんどのインディーズのバンドマンは、チケットノルマを負担してライブを行い、ノルマ以上の観客の動員ができれば黒字化するが、そうでなければ自己負担。つまり、赤字だ。

ライブをたくさんやれば、レコード会社などの〝メジャー〟の目に留まる可能性がわずかながら上がるので、赤字でもやせ我慢しながらライブ活動を続けていく。メジャーという狭き門をこじ開ければ一攫千金も狙えるのでがんばっているわけだが、ぶっちゃけ、負のスパイラルになっている奴がほとんどだ。

さらにパンクというジャンルでいえば、どんどん下火になってきていて、代わりにヒップホップがメインストリームに台頭してきていた。インディーズで何かをやるにしても、パンクには明らかに逆風が吹く時代だったのだ。

パンクロックは今の時代にマッチしてない——そんなことを肌でビシビシと感じて

いたが、それでも不器用な俺にはパンクしかできなかった。

逆風が吹く中、良い曲を作って、演奏の腕を上げ、ライブにお客さんを動員して、CDやグッズを販売する。それでも商品が売れまくるということはなく、ライブハウスの隅っこで自分たちの商品を売るためにメンバー総出で声を出して観客を呼び込んでいる、という有様だった。

（大好きなことで成功するのは、俺には無理なのだろうか？）

120％本気でバンド活動をしながらも、そんな悶々とした悩みを抱えていた。

そのときから何度も読み返しているのが、本田健の『ユダヤ人大富豪の教え 幸せな金持ちになる17の秘訣』だ。

そこには「自分の大好きなことを見つけたら、その分野で大成功している人を探すことが重要であり、その分野で成果を出すためにはその道のプロに聞くのが最短の方法だ」と書かれている。

これを俺なりに解釈すると「自分の仕事が好きで仕方ないという人はとても幸せで、大好きなことをしている人は、人を惹きつける魅力があるからこそ、自然と成功が近くなる」ということ。

俺自身が全身全霊で音楽をやっているからこそ、腑に落ちた。

いや、腑に落ち過ぎた。俺が憧れるかっこいいミュージシャンたちは全員、そんな感じだった。

・セールスの達人になり
・スピーチの天才になり
・人脈を使いこなして
・お金の法則を学び
・多くの人に助けてもらい
・自分のビジネスを持って
・勇気を持って決断して、情熱的に行動してみよう

など、この本に書かれている「今の自分にできること」を実践しているうちに、心が大きく揺れた。

さらに「人生は決断の連続で、決断を先延ばしにすることが人生で最も大きい落とし穴だ」という一文が当時の自分には図星すぎて、藁をも掴む想いで、なけなしのお

金を払って本田健氏の高額セミナーを受講することを決断した。

「本を読むだけでは短期間で成功できない」と、俺の中ではそこまで考えが強くなっていて、他にも高額セミナーには連続で参加するようになっていた。

それも、パンクスの格好で。

バンドで食っていく生き方はうまくいかず、人生も成功の兆しが見えず、逆風が吹き荒れる中での行動だったが、それでも悲壮感はなかった。

むしろ、「身銭を切っているからこそ、最低限、受講費は回収するぞ！」という強い気持ちがあったし、お金を払って、その分野で大成功している人に教えてもらうのが最短で成功できる方法だと気づいていたので、希望の光が射すのすら感じていた。

俺は、限られた時間の中で真剣に学び、貪欲にノウハウを吸収するようになっていった。

（第２章）

# 読破

# レッスン12
# 成功したけりゃ、失敗を恐れずに挑戦し続けろ！

法則：異色の成功法則
書籍：『仕事は楽しいかね？』デイル・ドーテン著　きこ書房
箴言：10回中9回も失敗することはない。

成功法則本でも俺が異色だと思っているのが、デイル・ドーテンの『仕事は楽しいかね？』だ。この本は、将来への希望もなく日々仕事に追われる主人公が、巨万の富を築いた起業家マックス・エルモアのアドバイスから、自己変革のアイデアを見出していく物語だ。

一般的な成功法則本とはまったく違う理論を展開している異色な本だが、ないないづくしだった当時の俺のようなハングリーな人間には妙に響く内容。もしも、そんなシチュエーションだったら手を出してみるといい。

## 読戒（第2章）
## Lesson 12

時代は少し進むが、32歳のときに、俺は年齢的な限界を感じ、現実を受け止め、全身全霊を捧げてきた音楽の世界からすっぱりと足を洗った。

俺が受け止めた〝現実〟とは何か？

それは「自分の音楽的才能のなさ」を感じたことだった。

レッスン11でも語った音楽の仕事の依頼には、レコーディングの仕事もあった。とはいっても、アダルトビデオのBGM録音などの裏方仕事で、決して華やかなものではなかった（今のようにフリー音楽素材があまりなかった時代、低予算のアダルトビデオでは、誰が演奏しているか不明な世に出ないBGMが重宝され、売れないミュージシャンにはそういった仕事がポツポツあった）。

人づてで演奏の仕事を依頼され、スタジオに呼ばれた俺は「ここぞ！」とばかりに与えられた仕事を全力でやった。だけど、そこで明らかに感じてしまったのだ。才能の差を。

自分に才能があるかどうかは、才能のある人間に出逢うとわかってしまう。俺の場合は一緒に音を出すことだったが、プレイも、センスも、自分より若い連中に「全然、敵わない」とつくづく実感してしまったのだ。

人生の半分以上の期間、その身をささげてきた音楽の世界から足を洗った俺。同時に、いきなりやるべきことがポカンとなくなって、どこに向かって全力投球すればいいのか、まったくわからなくなってしまった。

自分にできそうな稼ぎ方や生き方はないのだろうか？

考え込む日々が続く。悶々と悩み続け、にっちもさっちも行かない状況の中で「飲食店なら1人でも何とかやっていけるかも？」と思うようになり、本気で研究しまくった。

（音楽も作品であり、料理もある意味作品で、ともに創作というのもなんかいいなぁ～）

（音楽では良い作品が残せなかったけど、料理ならできるかも？）

そんな淡い期待を胸に、それでも「これだ！」と決めたら一直線なのが、良くも悪くも俺の特徴だ。

さらに、「飲食店の経営者に直接会える」という理由から、昼は飲食店へのおしぼりの配送のアルバイトをして、夜は中華料理やタイ料理の店でアルバイトを始めた。

この当時はダブルワークで月収25万円前後という手取りだったが、お金より独立するノウハウが掴める期待のほうが大きかった。

だけど、そんな期待はすぐに打ち砕かれた。

研究すればするほど、飲食店経営は儲からない気がしてきたのだ。

第一に、飲食店は出店に数千万円規模の初期投資が必要なことが、新たな夢を挫折させる大きなきっかけとなった。そんな金をどうやって貯める？

仮に、お金があって開業できたとしても、個人事業主として10坪くらいの小さな店で他の強豪とどう戦えばいいのか。単価の低いラーメンでも、単価の高いパスタでも、これまで有名飲食店で料理の修行をしたこともない俺が、強豪たちに死ぬまで戦い続けるのが不可能どころか、まともに戦っていける気がしなかった。


バンドマンでも、挫折。新たに見つけた道でも、また挫折。

当時読んでいた異色の成功法則本、デイル・ドーテンの『仕事は楽しいかね？』には、こんなことが書かれてあった。

「成功を研究しても成功は手に入らない」

これを読んだ最初は「本当かなぁ～？　研究しないと失敗するじゃん！」と思っていたが、意外とこれは本当だと、しみじみ思った。

だけど同時に、この本に俺はもう一度奮い立たせてもらった。

この本の登場人物であるマックス・エルモアという巨万の富を築いた起業家は「成功するというのはね、右に倣えをしないっていうことなんだ」と語っている。成功するかしないかは確率論であり、手当たり次第にあれやこれやアイデアが出る限りやりまくれば、必然的にチャンスの数が増えて、成功する可能性が上がる、という考えだ。

ほとんどの人が挑戦もせずに諦めてしまう。挑戦しても2~3個の成功しそうなアイデアが失敗すれば、その時点でやめてしまう人ばかりだ。

そんなにすぐに諦めていたら、成功なんてするはずがない。

歴史に名を残した発明家も、科学者も、起業家も、個人事業主も、挑戦し続けていたという事実がすべてを語っており、失敗してもめげずに、成功するまで何度でも挑戦し続けている。

これが成功者に共通する法則であり、お金をたくさん稼いでいる人は、例外なく手当たり次第にあれやこれやと、アイデアが出る限りやりまくっているというのが事実だ。

そうだ。俺も、失敗を恐れずに挑戦し続ければいいんだ。

音楽一筋の人生だったので就職した経験もなく、履歴書の職歴欄は高校卒業後から

読戒（第2章）
Lesson
12

真っ白。おまけにタトゥーもたくさん入っていて、めぼしい資格もなく、若くもない。ハローワークの求人情報の中から何十社という企業に応募しても、どこも採用してくれないだろう(というか、実際に期待に胸を膨らませながら面接してもらったが、ことごとく粉砕し、不合格の嵐だった)。

新しくビジネスをスタートさせる元手の資金もなく、何かの資格やスキルを身につけさせてくれる会社にも就職できず、進退窮《きわ》まった俺は、資金が少なくても始められるネットビジネスに挑戦することにした。もちろん、まったくの未経験だった。だけど、それは新たな挑戦だったし、マックス・エルモアも言っていた通り、資金が少なくてもいろいろとチャレンジできるこのビジネスは魅力的だった。

パソコンの電源の入れ方さえわからない状態からのスタートだった。

東京都が無料で開催している初心者向けのパソコン教室に、パンクスの格好で通うところから始めた。

さらに、受講期間終了後は街のパソコン教室にも通った。そこではHP製作やネットショップ構築は学べなかったので、ネット起業家が主催する有料セミナーやワークショップを受講しまくり、必死でメモを取りまくって徐々に覚えていった。

「短期間でスキルアップしたいのであれば、受講費を払って教わる」ということが自分の中では常識だ。「このネットビジネスが儲かる」と聞くとあれもこれも手をつけて、なかなか大きな稼ぎにはならない日が続いたのだが、諦めずにいろいろなネットビジネスに手を出した。

どの会社も雇用してくれなかったので諦めるわけにはいかなかった。

そんな状況の中、トライしまくったネットビジネスの中で、1つだけ少しずつ利益が出ていたものがあった。

それは「ヤフー!オークション　以下（ヤフオク!）」でのネット物販だった。

## レッスン13
## 打ち込むべき何かを見つけたら、やれるだけやっちまえ!

法則：凡人でも成功できる法則
書籍：『やるだけやっちまえ』森永博志著　リトルモア
箴言：やるだけやっちまえ!

読戒（第2章）
Lesson
13

**誰でも、「自分のバイブル」と呼べる1冊があると思う。俺にとっては『やるだけやっちまえ』だ。**

**原宿ストリート・カルチャーの生みの親である故・山崎眞行氏の生き様を描いた本で、映画化もされた。山崎眞行氏のサクセスストーリーからほとばしる熱量はすさまじく、ネットビジネスで食っていけるか不安でしかたなかった俺を奮い立たせてくれた1冊だ。**

**これから独立開業に挑戦する人、今、苦境に立たされている人は絶対に読んでほしい。必ず感化されるはずだ。現在は絶版になっているが、探してでも手に入れる価値はある。**

資格も経験もないこんな俺でも稼げるネットビジネスを模索する中で、ヤフオク！を知った瞬間はとてつもない衝撃が身体に走った。

一般の人が、自分の持っている商品をネット上に出品すれば売買ができる。自分の不用品を出品するだけなら「古物商許可」の資格は必要ない（営利目的で買取や代行販売をする場合は許可が必要になるので注意が必要だ）。

俺の場合、ミュージシャンを目指していた頃に作詞・作曲のインスピレーションを得るために買い漁ったＣＤやＤＶＤやレコードなど、大切にしていた希少価値の高いコレクションが数千点あった。しかもこういった商品の相場価格がわかっていたので、店舗の相場より少し安い価格で出品したのだから、どんどん売れた。

人生を掛けて集めたものを売り飛ばすのはちょっぴり悲しくてセンチな気分になったが、挑戦、挑戦また挑戦を来る日も来る日も繰り返し、挫けそうになりながらも挑戦し続けた結果、初めて自分のビジネスが軌道に乗り始めたわけだから、どちらかというとうれしさのほうが大きかった。

まさにうれしい悲鳴。ハンマーで頭を叩かれたかのような強烈な衝撃が、俺の身体の中を突き抜けた。

ビガァーーーン!!

「これだ！　俺がやりたかったのはこれだ！　これなんだよ!!」

ここへ来てようやく自分が本当にやりたいことが見つかったのだ。

そして、取り憑かれたかのようにヤフオク！に没頭し、のめり込んでいった。

次第に俺は、自分のコレクションを売るだけで、細々とだが生活ができるようになっていった。

## 読戒（第2章）
## Lesson 13

ただ、「こんな方法で一生、食っていけるのか？」というモヤモヤとした不安は確実にあった。

当然のことながら、ヤフオク！に出品すればするほどコレクションの数は日に日に減っていく。いつかは在庫切れになるのも目に見えている。そうなると当然、収入が減るのでかなりヤヴァい。

在庫切れを避けるためには、どこかで商品を仕入れなければいけない。

「安く仕入れて高く売る」というビジネスの当たり前を、ようやく俺も意識し始めた。ただ、この先、どこで商品を仕入れればいいのだろうか？

そんな中で1冊の本の存在を思い出したのが『やるだけやっちまえ！』だ。

この本は、原宿に熱狂をもたらしたピンク・ドラゴンの創始者である故・山崎眞行氏の生き様をリアルに描いていて、挫けそうなときに読み直すと「もう一度、全力でやってみるか！」という気持ちになる、俺にとってのカンフル剤のような本。

「やるだけやっちまえ！」か。

そうだ。せっかく先が見えてきたビジネスだ。片っ端からやるだけやっちまおう、と心に誓った。人に何と思われてもいいから、「これだ！」というものにとことん打ち込むだけだ！　成功したいならやるだけやっちまおう！　と強く思うようになっていた。

俺はビジネスで成功してお金を稼ぎたいんだ。それならビジネス書や成功法則本を意味不明なくらい読めばいい。

魚を釣れるようになりたくてコーラ瓶を集めたお金で買った『図解 釣り入門』のときだって、ベースを弾けるようになりたくて紀伊國屋書店新宿本店で買ってきた『目で見てわかる やさしいエレキベースの弾き方』のときだって、それに今までだって、そうやってきたじゃないか。

まずは成功を勝ち取るまで1000冊読破するという目標はどうだろう?

1週間で3冊読破すると月に15冊、年間180冊。5〜6年も続ければ、1000冊読破できる。まさに1000本ノック。

俺は凡人だから、人の倍、いや、もっともっと何倍も読めば、結果は出るのではないか、1000冊読破したら何か違う景色が見えて、道が開けるんじゃないか。

どうせ一度の人生なんだから。

半分、トチ狂っているくらいが丁度いい。

そんな気持ちで、とにもかくにもまずは1000冊を読破しようと心に誓った。

読戒（第２章）Lesson 13

頭はすで「やるだけやっちまえ！」モードだ。

気がつくと衝動的に成城学園前駅のブックオフに飛び込んでいた。

自分が他人より知識があるジャンルは音楽しかなかったので、ＣＤの棚を見てみると、利益が出そうなＣＤがいくつかあった。

「本人さえやる気になれば、一般的な小売店での仕入れでも十分に金になる」と実感した。

この方法、イケんじゃんじゃね?!　やるだけやっちまえ！

夢中でＣＤの棚の発掘作業をしていたら、やがて店内放送で「蛍の光」のメロディーが流れてきた。いつの間にか閉店時間。それくらい集中して真剣にブックオフのＣＤの棚から儲かる商品の発掘作業を続けていたわけだ。

渋々、家に帰りながら、俺は明日以降の作戦を考えた。

ブックオフは店舗数が多い。つまり、発掘作業の〝現場〟が山のようにある、ということだ。根気よく1軒1軒を回れば、かなりの数の商品が仕入れられそうな気がした。

家に帰ると早速、ネットで店舗を検索。喜多見駅前店、豪徳寺駅前店、２４６三軒茶屋店などなど、自分の住んでいたエリアからだけでも10店舗以上が見つかった。

よっしゃ、来た！　やるだけやっちまえ！

俺はすっかり自分の座右の銘になった言葉を叫び、ベッドに入った。

だけど、なかなか寝つけない。すっかり興奮しきってテンションが上がりまくり、明日から始まる熱狂的にやりまくる毎日が楽しみで仕方なかったのだ。

## レッスン14
## 与えられた恩はきっちり返せ！

**法則：ネットで稼ぐための法則**

**書籍：『働かないで年収5160万円稼ぐ方法』川島和正著　アスコム（王様文庫）**

**箴言：自分でお金を稼ぐ力が身につけば、会社で働き続けるのか、毎日遊んで暮らすのか、自分で選べるようになります。**

**毎朝、満員電車に押し込められて会社へ行き、上司からパワハラまがいのムチャ振りに疲弊しながら給料をもらうのと、自宅にいながら自分の裁量でネットで稼ぐ**

# 読戒（第2章）Lesson 14

**のだったら、同じお金をもらえるとして、どちらが理想的だろうか？**

**川島和正氏の『働かないで年収5160万円稼ぐ方法』では、ネットビジネスで稼ぐ方法を詳しく解説しており、それを正しい順番で取り組めば、スタッフや社員を雇わなくても稼げ、億万長者も夢じゃないと説いている。**

ブックオフでの仕入れは、読み通り当たりだった。

得意としていた音楽関係のＣＤやＤＶＤだけではなく、書籍や雑誌も同じ要領で仕入れられたので、商品の玉数は徐々に増え、売上もじわりじわりと上がり、次第に月収で35万円～40万円ほど稼げるようになっていった。

ブックオフなら読みたい成功法則本が定価より安く買えるので一石二鳥。さらに、アマゾンマーケットプレイスで販売すれば、大量に販売することが可能ということにも気づき、ヤフオク！と並行して販売するようになった。

ヤフオク！は1商品あたりの出品時間がかかる。

一方、アマゾンマーケットプレイスは既存のカタログ（販売ページ）に自分の商品を登録して出品するだけなので、ヤフオク！で必要なタイトル文の製作と画像の撮影が基本的に不要。説明文とコンディションと価格を決めるだけで出品ができ、短時間で出品が可能なのも強みだった。発送や入金確認をアマゾン側でやってもらえるFBAというオプションもあり、利益が小さくてもガンガン大量販売ができて、販売に拍車がかかったのも大きい。

とはいえ、大切にしていた自分のコレクションを売っている頃に比べると、単価も利益も下がっているという問題もあった。

そもそも、コレクションは買ったときに定価で手に入れていたとしても、時間が経つ中で〝自分の心の減価償却〟が済んでいるため、0円の商品に値段がついたことになる。だけど、ブックオフから仕入れるには元手がかかる。たとえ100円の本やCDでも、だ。

それに、「これだけは何が起こっても絶対に手放せない」と大切にしていた自分のコレクションと中古品では、やはり売上や利益がまるで違ったのだ。

ブックオフ以外にも仕入れ先が必要だった。

そんなとき、川島和正氏のメルマガを読む機会があり、フリーマーケットで〝おいしい仕入れ〟ができることを知った。

日々、自分にとってプラスになる本を読みまくり、成功法則を愚直に実践中だった

## 読戒（第2章）
## Lesson 14

俺にとって、「思い立ったら吉日、即行動」はすっかり当たり前のことになっていた。今回も、次の日曜日に、バイクに乗って代々木公園のフリマへ出かけてみた。

4月。春の日差しは温かく、引っ越しシーズン直後で出店者も多かった。しかもフリマの出品者はほとんどが素人で、商品の根づけはめちゃくちゃ甘い。別にそれをビジネスにしようというのではなく、不用品がお金になればいいという感覚だから当然だろう。価格交渉も、フリマでは当たり前のように行われる。

ぶっちゃけ、金の匂いを感じた。これは稼げそうだ——そう思った。

メルマガでいい情報を与えてくれた恩返しの意味もあって、帰りに川島和正氏の著書『働かないで年収5160万円稼ぐ方法』を買った。

この本に書かれている通りに実践すれば、自宅にいながら月収500万円を稼げるようになるようだ。

そんなに稼げるのなら、馬鹿正直にやってみる価値はある。

読んでみると、3つの稼ぐノウハウが丁寧に解説されていた。

1. 商品取引
2. 広告代理店業

## 3. 出版

1については、ヤフオク！やフリマで仕入れた商品を販売するノウハウが書かれてあった。実際にもうやっていたので、「必死でやってきたことが間違ってなかった」と確信できる内容だった。

2の広告代理店業は、自分のブログやメルマガなどで、ある商品の紹介記事を書き、誰かが購入すると事前に決められた報酬をもらえるシステムのことが書かれてあった。「アフィリエイト」というやつだ。

しかも川島和正氏の場合は旧来の手法とは違い、アフィリエイトのサービスプロバイダに登録されている情報商材を、メルマガで販売するだけらしかった。そして誰かが購入すると、事前に決められた報酬をもらえる。いわば、アフィリエイトを個人でも気楽にできる〝プチ広告代理店業〟と位置づけていた。

俺は以前、メルマガを発行して稼ぐコンセプトの高額の有料コンサルティングを受けていたこともあって、メルマガを発行するスキルは身に付けていた。

メルマガならワードやメモ帳にタイピングできれば発行できるので、ホームページを作らなくても稼げる。

## 読戒（第2章）
## Lesson 14

当時の情報商材は基本的に1～2万円の販売価格が多く、中には10万円以上する情報商材もあった。1件成約すれば1万円以上の報酬になることもザラだった。

まったくもってノーリスクだからやってみるべきだ、と直感した。

3の出版は、日本に3000社あるといわれている企業としての出版社から書籍を出すのではなく、情報商材を専門に販売するプロバイダに自分の商品を登録して販売する方法だった。

商品の制作は、自分の経験やノウハウをまとめたり、たくさん書籍を読んで肝となる稼ぐ秘訣をまとめてPDFファイルやCDにして販売するらしい。

商品の制作には多少の時間がかかりそうだが、コツコツやっていけば作れそうな気がした。

名著と名高い数々の成功法則本には「返報性の法則」というものが書かれていることが多い。

要するに、「人間には他人が何かをしてくれたら、何かをお返ししなくてはならないと自動的に判断する傾向がある」ということだ。

このときの俺も、そんな気持ちで川島和正氏の本を買って帰って読んだ。

そして、その中から自分のビジネスの革新と、その他に2つの稼げるノウハウと方向性を見つけることができたのだ。

# レッスン15 時には成功法則の使い方を間違えることもあるさ！

法則：成功に足元をすくわれないための法則
書籍：『成功者の告白』神田昌典著　講談社
箴言：成功の罠　どの会社も実に同じパターンで障害にぶつかる

起業したい人、起業している人が成功したその先には、多くの地雷が隠されている。その一つが「家庭」の問題だ。

実は、仕事と家庭は密接に関係していて、「お金さえ稼げば幸せになれる、家庭は円満になれる」と考えていると危険だ。そういったことを教えてくれるのが神田昌典氏の『成功者の告白』だ。

## 読戒（第２章）
## Lesson 15

**小説仕立てで書かれているため読みやすく、成功法則本の中でも、ビジネスで成功すると家庭が壊れやすくなることを教えてくれる本はあまりないので、貴重な１冊。転ばぬ先の杖的に知っておく意味でも、ビジネスに興味がある人なら読むべき。**

ここまで、成功法則本の〝いいところ〟ばかりを語ってきたが、変なところで足をすくわれたというか、成功法則本に書かれている「注意点」まで地で行ってしまった経験が俺にもある。

神田昌典氏の『成功者の告白』に書かれてある「成功の罠」についてだ。

仕事と家庭の関係について書かれていて、「お金さえ稼げば人生も家庭も幸せになる」と考えるのが実は危険だと書かれてあった。

さすが、神田昌典大先生のノウハウは再現性が高い！

良い意味でも悪い意味でも（苦笑）。

どうやら俺は神田ノウハウの使い方を間違えたようだった。

32歳のとき、妻が勤めていた会社を辞めると言い出した。さらに「会社を辞めて、あなたの仕事を手伝う！」と言うではないか！

まさに青天の霹靂だったが、「来るものは拒まず、去る者は追わず」を地でいっている俺は、少しも反対しなかった。これが不幸の始まりで、地獄の入口になるとはこのときは予想もしていなかった。

当時、俺たちの住んでいたアパートは4畳半+6畳+キッチンという小さなもの。そこに俺と妻とオスの茶虎の猫のガータンの3人（？）で暮らしていた。

本当に収入が少なかったので事務所を借りるお金なんて当然なくて、自宅で仕事をしており、自宅兼仕事場という、自分でビジネスを始めた人なら誰でもあるシチュエーションで仕事をしていた。

妻が俺の仕事を手伝うようになってからも、その状況は変わらなかった。

最初は、それでもうまくいった。俺が彼女に仕事のやり方を教えて、2人で作業を分担して……と、まぁまぁ上手くいっていた。最初は。

だけど、考えてもみてほしい。勤めていたころはまだしも、一緒に仕事をするようになってからは、24時間、ずっと夫婦が狭い空間で時間を過ごさなくてはいけない。

俺は俺で、夫として責任があったので、朝起きてから寝るまでフルパワーでがんばって働いた。それこそ、毎朝7時には起きてパソコンを叩き始め、深夜2時くらいまで仕事をしていた。日曜日も祝日もなかった。多少、無理をしてでも、少しでも多く稼

## 読戒（第2章）
## Lesson 15

いで妻に楽をさせたいと心から思っていた。

妻も同じで、家事をしながらも俺の仕事を手伝う。

仕事はよくやってくれていたが、勤め人として通勤していた頃より、化粧をしたり、ヘアメイクしたり、綺麗な服を着たりという、女性なら毎日、確実に行うであろう美への追求が自然となくなっていった。

1日20時間近くフルパワーで夫に仕事をされるのも、プレッシャーだったと思う。朝起きるともう俺が仕事をしていて、もう寝たいのにいつまで経っても仕事をしていたのだから。

俺のほうが彼女を「1人の女」として見られなくなってしまっていた。そんな状況と環境の中で2人っきりで仕事をしていたわけだから、口論もよく起きるようになった。「悪かった」という反省の気持ちは本当にあったのだが、俺が馬鹿でしょーもない意地を張ってしまい、その気持ちを最後まで言葉で伝えられなかったのも事実だ。

結果、別居。

別居した直後は、部屋を覆っていたどんより重い気まずい空気からようやく逃れられる清々した気持ちだった。それに、これは一時的な別居で、そんなに遠くない未来に元の鞘に収まると思っていた。

しかし、かけ間違えたボタンは元には戻らない。

別居生活は続き、最終的には離婚した。残された俺は猫のガータンと2人暮らしになり、この猫を看取るまで一緒に住み続けることになった。

さらに悪いことは続くもので、別居のどさくさで会社の通帳を持っていかれ、一生懸命に貯めた全財産がどこかへ消えてしまった。

踏んだり蹴ったりというのはこのことだ。

まさに、神田昌典氏の「成功すると家庭が壊れやすくなる」を実践してしまったわけだ。

当時の俺は、どうしても稼ぎたい一心で氏の高額セミナーを受講したりしていたが、実際には独立起業なんてまだ夢の夢で、食っていくだけでも精いっぱいで、やっとだった。

伝説のハードコアバンド　バッド・ブレインズのTシャツを着用し、足元はバンズというパンクスの恰好のままでセミナーを受講し、質疑応答で自分の実績や年収を鼓舞する他の参加者を、「何億円も稼いでいる人が実際に同じ会場にいる」という驚きと、「俺も本気でやればできるのかも?」という期待と、めちゃ嫌なやつだなぁ〜」

という嫌悪感が混ざり合った複雑な気持ちでそのやり取りを聞いていた。

同時に「いい感じの成功者になりたい」と強く思ったものだ。

そのくらい尊敬していた神田昌典氏のノウハウだったが、今回は「成功の罠」という失敗部分だけを実践してしまった。

ただ、パンドラの箱のように、最後に箱の中に1つだけ残った希望もまた、この本からは見出すことができた。

「谷深ければ、山高し」という言葉だ。落ちた谷の底が深ければ、そのあとの山も大きくなる、という格言。それが離婚による絶望的な気分から立ち上がる唯一のプラス材料だった。

早く成功して、1日でも早く〝成功者の告白〟として笑顔で離婚の話ができる日が来ることを、強く願わずにはいられなかった。

## レッスン16
# 向上心と夢を持たない男についてくる女はいない！

法則：結婚する（彼女を作る）ための法則
書籍：『3秒でハッピーになる名言セラピー　恋愛編』モテるーズ、ひすいこたろう共著　ディスカヴァー・トゥエンティワン
箴言：恋愛がうまくいく人は恋愛以外に打ち込めるものを、必ず持っています。

恋愛したい人、結婚したい人はいるか？　俺にはそんな時期があった。

そんな時期にむさぼるように読んでいたのが『3秒でハッピーになる名言セラピー　恋愛編』ひすいこたろう著だ。

すぐに使えるテクニックから、恋愛の深さの話まで、5つのテーマから「恋愛」を語り、さらにウフッと笑えるエピソードが満載のこの1冊は、恋愛や結婚に悩んでいる人の背中をぽ～んと押してくれ、いつの間にかポジティブに行動してみようという気にさせてくれる。

ビジネスの成功はお金だけのことじゃない。そう気づいたときに読むといいだろ

# 読戒（第２章）Lesson 16

う。

離婚後、一時的に恋人がいた時期もあったが、もう一度人生を共にする相手には出会うことができず、しばらく俺は猫との暮らしを続けることになる。

仕事だけの何とも張り合いのない生活。仕事も軌道に乗っているのかいないのか、30～50万円の収入をフラフラする、安定しない日々を送っていた。

そんなとき、たまたま予定していた打ち合わせが先方の都合で1時間遅くなってしまい、待ち合わせ場所のホテルのロビーでフェイスブックをぼぉ～っと眺めていたときのことだ。婚活パーティーの投稿を読み、興味を持った。10回5000円ポッキリという、なんともリーズナブルな記事だった。

（このまま行動できない日々が続くより、1回500円だし、真面目に婚活している女性と会えるなら行動してみよう）

早速、パーティーに参加を申し込み、直近で手に入れていた、ひすいこたろう氏の『3秒でハッピーになる名言セラピー　恋愛編』をむさぼるように読み返した。

この本は、読んでいると「自分の言動で自分をハッピーにすることができるんだ！自分を幸せにするのは自分しかいない！」と自然に思えてくる良書だ。「もし、女性からこんな発言があったら、こんな感じの言葉を返そう」という実戦さながらのシミュレーションをしながら読むと、勇気とイマジネーションを与えてくれる。

アパートから電車1本で行ける新宿の会場で行われる婚活パーティーに申し込み、服装もあえてパンクファッションを脱ぎ捨て、何年も着てなかったスーツを引っ張り出した。等身大でありのままの自分だと勝算が薄いので、少しでも着飾って、あわよくば彼女をゲットできれば……という、やましくエロい気持ちも当然、大アリだった。


でも、結果は散々だった。

まず、集まった男女の比率は7：3で男性が倍以上。

次に、2ショットで自由に話せるのは、たった10分間。

そして何より、俺の経歴。

「高校を卒業してからミュージシャンになることを夢見て、ひたすら音楽をやってきたのだが、才能のなさに気づいて夢を捨て、今はネットビジネスで生計を立てている。月収も30万円～50万円という多いんだか少ないんだか、なかなか不安定な暮らしの離婚歴ありの中年男性」

嘘偽りのない現実・現状に、興味を持つ女性はいなかった。

読戒（第２章）
Lesson
16

ただ、このときの俺はまだ、それほど自分の現実に目を向けようとはしていなかった。カップル不成立の理由を特に深くは考えず、「今日は性格や価値観が合う人がいなかっただけだ」という前向きな気持ちでアパートへ帰り、今日会った女性とバッティングしないように気を払いながら、他の婚活パーティーのいくつかに申し込みをした。

「何回か婚活パーティーに参加すれば、そのうち彼女ができるだろう」と、楽観的に考えていたのだ。

しかしその後、何度、婚活パーティーに参加しても結果はすべて同じだった。

この間に、他にも恋愛法則本を読んで、いろいろなモテる最強ノウハウを頭に叩き込み、実戦さながらのシミュレーションを、ありとあらゆるシチュエーションを想像しながら繰り返していた。

そうしているうちにかなり自信のようなものが自分の中に芽生えてきて、それを携えて婚活パーティーに何度も参加し、トライ数を上げていった。

しかし、残念ながら結果は出せなかった。

そして、ようやく気づいた。俺は、部屋で例えるなら完全な〝事故物件〟。

ミュージシャンにもなれず、限りなくプー太郎に近い離婚歴がある男。しかも離婚に際して、貯めていた全財産もどこかへ行ってしまった。確かに自分が女性だったら明るい未来はまったく感じられない、絶対に選ばないタイプの男だということに。

婚活パーティーでは、良い感じなる他のカップルがいることを会場で目の当たりにしていたので、「やはり原因は自分自身」という現実的な問題は、否が応にも突き付けられ、完全に打ちのめされた。

気持ちが逃げ腰になり、呑み屋でやけ酒を煽りたい気分だったが、そんな金銭的な余裕は当然ないので、スーパーマーケットで売っている1本300円という信じられないくらいの安さの意味不明なフルボトルの、体に悪そうな赤ワインをラッパ飲みした。

安酒を飲み、酔い潰れて気づいたら朝になっている……という寂しく虚しい日を繰り返す毎日を送るようになっていった。


恋愛法則本が悪いわけじゃない。原因は俺にある。

夏目漱石の名言の中に「精神的に向上心のない者は馬鹿だ」という言葉がある。今の俺には実にぴったりな言葉だった。

## 読戒（第2章）
## Lesson 16

思い出してみれば、ミュージシャンを目指していた頃は少しでも演奏が上手くなりたい一心で、ずっと楽器を触っていた。いろいろな音源をたくさん買ったり、いろいろなジャンルのバンドのライヴに行ったりもした。一心不乱に成功を目指していたし、音楽に対する向上心こそが夢を掴む唯一の方法だと信じて疑わなかった。

でも、今はどうだ？

独立はしたものの稼ぎは安定しておらず、酒ばかり飲んで向上心のカケラもない。向上心がない者＝バカってこと。仕事も生活もギリギリで成り立っているだけだ。だから当然、彼女もできない。

我ながら呆れてしまうのは、こんな絶望的で処置のしようがない状況の男でも「ありのままのあなたが好き♡」と言ってくれる女性が現れると思っていたことだ。

吉田松陰の有名な言葉に「夢なき者に成功なし」というものがあるが、俺は彼女を作って結婚することを夢だと思っていた。でも本当は、夢を失い、やるべきこともわからない精神状態を支えてくれる人、心の拠り所になってくれる人を探しているのかもしれない、と思った。

夢を持たない男に、女性が愛情を抱いてくれるわけがない。

夢を持っている人は輝いて見える。だから魅力的に見える。だから男女の仲に陥りやすいのだ。そういえば、離婚した妻に最初に電話をかけて中野駅で飲んだときの俺は、事実上、バンドから外されて絶望的な気分だったが、それでもミュージシャンになる熱い夢を持っていたじゃないか。だから元妻は、俺を部屋に呼んでくれたんじゃないだろうか？

彼女を作りたいなら夢を持たないと……絶対にそうだ。

安酒で鉛のように重くなった頭で、俺はそう思った。そしてそう考えると、自分でも知らないうちに、不思議な力が湧き出てくるような気がした。

## レッスン17
## やってみもしなくて、何がわかるってんだ！

**法則：挑戦できない人を挑戦させる法則**

**書籍：『やってみもせんで、何がわかる』本田宗一郎著　ミネルヴァ書房**

**箴言：やってみもせんで、何がわかる。**

# 読戒（第2章）Lesson 17

**松下幸之助と並び称される立志伝中の人物の1人に本田宗一郎がいる。言わずもがな、「ザ・パワー・オブ・ドリーム」のホンダ（本田技研工業株式会社）の創設者で、これまでも、きっとこれからも語り継がれていく人物だ。本田健氏の作家名も、ここから来ていると言われている。**

**この本は本田宗一郎氏が語った言葉の数々をまとめた本で、「不常識を非真面目にやれ」などのように、一見すると笑ってしまうような名言も数々ある。読んでいるうちに本田宗一郎ワールドにどんどん引き込まれ、挑戦したい気持ちになれる1冊だ。**

「思い立ったが吉日」とはよく言うが、思い立つタイミングなんて、実はいつでもいいわけで、「よいしょ」と重い腰を上げて、何かを始めればいいだけの話。

「常に『自分自身が変わるために新しいことを始めるタイミングが来れば』と思っているけど、そのタイミングがまだ来ていないだけだ」と安直に考え、真剣に立ち向かおうとはしない自分は、何かを始めるという行為から逃げていただけなんだと、ようやく俺は理解した。

大きく変わりたいのに、知らず知らずのうちに楽なほうを選んでいる自分。

この甘い気持ちをブチ壊さないと大きく変われないし、大きな成功を掴めない。そのために現状を打破しなくていけない。

岡本太郎氏が人生の岐路で常に困難な道を選んできたように、俺もそうやって困難を乗り越えれば、その先に大きな成長が待っているはずだ、と思った。

もしも地獄の底に落とされたとしても、俺は地獄の底で栄光を掴んでやる。

俺は再び強く誓った。そして、そう誓ってみると、気持ちが「俺に修行の機会を与えてくれたことに感謝しよう」という前向きなものに変わっていた。

今、俺は人生の岐路にいる。ここで踏ん張らないと明日はない。

もしかしたら歴史に残る人物だって同じようなことで悩み、躓いたのでは？

だったら、本を読み漁っている俺の場合、その答えは本の中にあるはずだ！

「絶望の底から逃れたい」という熱い気持ちと決心が変わらないうちに、俺は図書館へ駆け込んだ。「今の自分を変える意味不明なくらい桁外れのパワーのある本を見つけて暗記するくらい読み込む」という謎の決意もした。

そんな中、バイクがかなり好きだという理由から、本田宗一郎氏の本に自然と引き寄せられた。その1つが『やりたいことをやれ』（PHP研究所）、もう1つが『本田宗一郎―やってみもせんで、何がわかる』。

まるで「とにかく、これを読め！」と言われているようだった。特に後者の『本田宗一郎―やってみもせんで、何がわかる』は、タイトルを見ただけでも今の自分にビンビンきたし、大きく変われそうな予感がした。

さらっと読んでみるだけでもテンションとやる気が上がる。すぐさま借りて、そのまま異常な集中力で読み進めた。この本には「不常識を非真面目にやれ」という、ちょっと笑ってしまうような名言もあり、読んでいるとどんどん本田ワールドに引き込まれた。

やがて、閉館を知らせる「蛍の光」が流れ出し、外は暗くなっていた。

家に帰って一気に読んでしまいたかったが、部屋に戻るとついついお酒を飲んでしまい、いつものうだつが上がらない自分に戻ってしまう気がした。

そこで、アルコールがないスターバックスコーヒーへ行って続きを読むことにした。

自転車でスタバへ向かいながら、そこまで読んだ内容を俺は反芻した。

本田宗一郎氏はいつも夢を持って驀《ばく》進していて、マン島レース、Ｆ１への挑戦、会社を世界のホンダへと育て上げることなど、常に壮大な夢と目標を持ち、自らが先頭に立って突き進む挑戦をやめなかった。

本田宗一郎の信念は「チャレンジして失敗を恐れるよりも、何もしないことを恐れろ！」だ。俺はこの言葉を真に受けてしまった。

今まで逃げてばかりいた俺は、チャレンジさえしていなかった。そんな自分とは今日でお別れだ。そのためにも、スタバへ行って一気に読んでしまおう。


スターバックス稲城大橋店は、夜にもかかわらず、パソコンで何かをしている人や読書をしている人がかなりいた。空席があることを確認し、俺はレジへ向かった。メニューを見ると、「コーヒープレス」や「カフェミスト」「ソイラテ」「ホワイトモカ」など、普段からコーヒーを飲まない俺には味の想像がつかない名前がずらり。

とりあえず目的は本を読むことだったので、「これは絶対に普通のコーヒーだろうな。これが変化球コーヒーだったら、どんだけ俺は浦島太郎なんだ」と思いながら「ドリップコーヒー」を注文。さらにサイズを聞かれたので、「ショート」「トール」「グランデ」を「小」「中」「大」と勝手に解釈し、トールで注文した。

でもこのとき、激しく後悔した。「わからないことを放置しないで正直に聞くという癖をつけないと！」と。「聞くは一時の恥、聞かぬは一生の恥」と言うじゃないか！自分を大きく変えようと誓い、本田宗一郎の本を借りてきて、続きを読もうとしてい

## 読戒（第２章）Lesson 17

る紛れもないこの俺なんだぞ！

会計を済ませ、左手に本、右手にコーヒーを持ちながら、俺は席へ向かわず、近くにいた女性店員に思い切って聞いてみた。

「カフェミストって、どんな味がするんですか？」

すると彼女は一瞬、驚いた表情をしたが、丁寧にカフェミストのことを教えてくれた。

要するにカフェミストとはカフェオレ（ドリップコーヒーにミルクを入れたもの）で、それより苦みが強いのが好きならばラテ（エスプレッソにミルクを入れたもの）がおすすめだと教えてくれた。

「ありがとう。次はラテに挑戦してみるよ」とお礼を言って、俺は空いている席についた。（本田宗一郎に影響されて「挑戦してみる」って言っちゃったけど、「飲んでみる」が正解だったんじゃね〜か？）と思いながら。

ともあれ、まだ少ししか本田式成功ノウハウの本を読んでいなかったが、確実に自分が変わり始めている実感を掴み、俺は少しだけうれしくなって、予想通り普通のコーヒーの味だったドリップコーヒーに安心した。

結果的にこの夜は、心臓をバクバクさせながら女性店員に質問をし、その結果として答えをゲットする成功を手に入れた夜になった。

まだまだ完全に自分自身が大きく変われた訳ではないけれど、大きな一歩を踏み出したこの夜は、俺にとっての〝マイ・レボリューション〟になった。

閉店前に本を読み終え自宅に戻った俺は、この大きな一歩を加速させるために、アマゾンで本田宗一郎関連の本をさらに何冊か購入した。購入した本は無論、深刻な資金問題によりすべて中古本だった。

ヤフオク！やアマゾンマーケットプレイスでCDや書籍の販売を始めた頃から、仕入れ先としてブックオフなどの古本屋に頻繁に出入りしていたので、読みたいビジネス書や成功法則本を買って、読み終えたらその本をヤフオク！やアマゾンマーケットプレイスで販売することも頻繁にやっていた。

この方法だと、ほとんどお金をかけずにエンドレスで未読の本が読めることに気づいた俺は、早く売って現金化したかったこともあって、いつの間にか速読の習慣がつき、読書量も加速度的に増えていった。

バンドマンが演奏力を上げる秘訣は、好きな曲を何曲もコピーして反復練習することだが、その要領で成功する方法も本から学び、そのまま愚直に実践するのが基本であり、当然だと思っていた。

さらに、バンドマン時代の経験から自宅やスタジオでの練習より、実際に観客の前でプレイを重ねたほうが実力はアップするということを知っていた。そのため、ビジネス書の成功法則を読んで、自分にできることから片っ端に本気で実践していったのだ。

（第3章）

# 読破

## レッスン18
# ノウハウは貯め込まず、教材にして価値をつけろ！

法則：文章で自分の商品・サービスを売る法則
書籍：『究極のセールスレター』ダン・S・ケネディ著　東洋経済新報社
箴言：いますぐ行動してもらうよう刺激する。

文章で商品を販売するための非常に有効な手法を知りたければ、ダン・S・ケネディ氏の『最究極のセールスレター シンプルだけど、一生役に立つ！お客様の心をわしづかみにするためのバイブル』をおすすめする。

タイトルの通り、シンプルだけど役に立つコピーのオンパレードだ。

さらに、この本はカリスママーケッター神田昌典氏が翻訳しているので間違いないということがわかるはず。文章を使って自分の商品を販売したい人や、キャッチコピーを強化したい人におすすめの1冊。

# 読破（第３章）Lesson 18

同じ本を二度三度と読み返すことは、大事なことだ。二度目に読むときには自分も成長しているから、最初とは受ける印象が変わる。成長の度合いが大きければ大きいほど、感じ方も大きく変わるのだ。

レッスン14で川島和正氏について触れたが、本田宗一郎氏からチャレンジの精神を受け取った俺は、再び『働かないで年収５１６０万円稼ぐ方法』を読み返すことにした。そして、初回当時にはそれほどピンと来ていなかった「出版」で稼ぐ方法に、今度はガッツ～ンと心を突き動かされた。

ちなみにこの本で紹介されていた「出版で稼ぐ方法」とは、出版社を通して紙の書籍を作り、流通させることではなかった。情報商材を専門に販売するＡＳＰ（アプリケーションサービス・プロバイダ＝アプリケーションソフトなどのサービスを、ネット経由で提供する仕組みや、そのビジネスモデルのこと）に自分で製作した教材を商品として登録して販売する方法だった。

要するに、自分の経験やノウハウをまとめて、ＰＤＦファイルやＣＤ、ＤＶＤなどの「情報教材」の形にして販売するのだ。

離婚からいろいろあって35歳になっていた俺は、ヤフオク！での販売のほか、この頃には海外（アメリカ、韓国、タイ、ヨーロッパなど）からの仕入れもしていたので、ネット販売のビジネスとしてそれなりに経験を積み、コンスタントに月収50万円以上をキープできるようになっていた。週4回ほどメルマガを配信するようにもなっていて、そこではネット販売で稼ぐ系のノウハウを書いていた。

そんな俺であれば、さすがに1億円稼ぐ教材とまではいかなくても、ネットビジネスを始めたい初心者向けの教材だったら制作できそうな気がした。

要は「やるか、やらないか！」、それだけだ。

早速、俺は自分が製作しようとしている〝ネット転売で稼ぐ系〟の情報教材をいくつか購入してみた。なかなかの内容とボリュームだったが、ある程度の経験を積んでいた俺にとって驚くようなノウハウではなく、このレベルであれば自分にも情報教材は作れると確信できた。

物販で稼ぐノウハウ系メルマガのバックナンバーの中から、教材に使えそうな再現性の高いノウハウを選んで体系化し、教材用に大幅に加筆・修正、画像を張りつけ、ＰＤＦ教材として完成させた。

よし、できた！

## 読破（第3章）
## Lesson 18

これで第一段階は完了。次は、これを販売していかないといけない。

教材を販売するためには、セールスレター式のHPが必要だった。

一時期、アフィリエイトのノウハウ本を読み、有料セミナーにも参加して指導してもらっていたことがあった。A8・net（日本最大級の成果報酬型インターネット広告）や楽天リンクシェアなどからアフィリエイトリンク（アフィリエイターがASPから報酬を得るために自分の記事内に設置するリンクのこと）を取得して、自分のサイトにその商品の販促記事を書いていた。

だから、セールスレター自体を書くことはできたし、そもそもセールスレターのほうが、アフィリエイトのサイトより構成がシンプルだったので、結果的にこれも思っていた以上に簡単に作れた。

よし、第二段階も完了だ。


このセールスレターの文章を作成する際に、参考書籍として購入し、研究しまくったのがダン・ケネディの『究極のセールスレター シンプルだけど、一生役に立つ！お客様の心をわしづかみにするためのバイブル』だ。

その確信は違《たが》わず、タイトルの通り、文章で買わせるテクニック満載の本なので、読んでいるだけでかなり勉強になった。セールスレターのことは知っていても、コピーライティング初心者の俺には特に参考になった。

今であれば横田伊佐男氏の『最強のコピーライティングバイブル　伝説の名著3部作が1冊に凝縮！　国内成功100事例付き』(ダイヤモンド社)を強くお勧めする。タイトルの通り、『ザ・コピーライティング』(ジョン・ケープルズ著　ダイヤモンド社)、『伝説のコピーライティング実践バイブル』(ロバート・コリアー著　ダイヤモンド社)、『ザ・マーケティング【基本篇】』と『ザ・マーケティング【実践篇】』(ボブ・ストーン、ロン・ジェイコブス共著　ダイヤモンド社)の名著3部作・計4冊、2000ページ超えのエッセンスを280ページに凝縮した書籍で、こちらも神田昌典氏が翻訳を監修。

文章を使って自分の商品を販売したい人や、キャッチコピーを強化したい人、過去の名著は外国の事例ばかりでピ～ンと来ないと感じている人におすすめの1冊だ。

さらに、俺はそのノウハウを読むだけではなく、すぐに自分のセールスレター用にアウトプットをしていた。インプットも大事だが、成長にはアウトプットが何より重要。読書（インプット）→行動→セールスレター・ライティング（アウトプット）という行動に結びつけたのだ。

その結果、今まで手当たり次第にやってきた
・ネット販売
・アフィリエイト
・高額有料セミナー
・高額コンサルティング
などのバラバラに存在していた「点と点」がつながり、一気に「線」になった。

時間はかかったが、こうして初めての情報教材『ヤフオク・アマゾンを使い倒し、たった3カ月で粗利50万稼いだ魔法のようなノウハウ』が完成。販売価格は1万4800円とした（情報教材は自分で価格を自由に設定できるのもいいところだ）。

俺は達成感とともに、「川島さんが〝働かないで……〟ってタイトルで書いてたのに、結局、めちゃ働いちゃったじゃん！」と一人ツッコミを入れた。

あとは最終段階。これを販売していくだけ。

四苦八苦しながら、できたてホヤホヤの情報教材をインフォカート（電子書籍やメ

ルマガ、ノウハウやセミナーなどの情報コンテンツをオンデマンドで出版・販売支援する、日本最大級のＡＳＰ）に登録し、なんとか販売できる状態にして、俺は開戦前夜を迎えた。

## レッスン19
## 協力者には、できる最大限のギャランティを渡せ！

**法則：人に好かれて、人を動かす法則**
**書籍：『人を動かす』デール・カーネギー著**
**箴言：人に好かれる6原則。**

**レッスン10でも語った、自己啓発書の歴史的名著『人を動かす』は、俺のその後の人生でも大きな役に立った1冊だ。さすが、あらゆる自己啓発書の元祖と言われるだけのことはある。**

**概要についてはすでに語ったので割愛するが、この書籍はうまく活用すれば確実**

## 読破（第3章）Lesson 19

**な効果を出す（つまり、人を動かすことができる）ので、やっぱり一度は読んでもらいたい。本当におすすめな1冊。**

開戦前夜の夜が明けた。さて、いよいよ販売開始だ。

情報教材をインフォカートに登録してしまえば、入金管理、商品の受渡し、アフィリエイト報酬の支払いなど、面倒なことはすべてインフォカート側でやってくれる。だから、販売者本人は商品を売りさえすればＯＫ。

ただ、ここで問題があった。いかんせん、俺の販売力は微力だった。

いや、微力すぎた。言われなくてもわかっていることだった。

自分の販売力を理解していた俺は、情報教材を販売してくれる「協力者＝アフィリエイター」を探した。まぐまぐ（俺がメルマガを発行しているメルマガ配信スタンド）で転売系メルマガを配信している発行者を選び出し、読者数の多いメルマガ発行者順にソート。メールで直接、教材の販促の協力をお願いし、返信を待った。

どこの馬の骨かもわからない、ましてや会ったこともない奴（＝俺）からの突然の販売協力依頼メールだ。普通だったら、すべて無視されて終わりだろう。

だけど、そうはならなかった。逆に、たくさんのアフィリエイターたちが、快く販売協力してくれることになった。

なぜか？

俺はこのとき、D・カーネギーの『人を動かす』に書いてあるノウハウを愚直に実行し、相手にとってメリットのある提案をして、動きやすくしたのだ。

D・カーネギーの論理では、「相手を動かすには相手に動きたくなる気持ちを起こさせるしかなく、相手は欲しいものを与えられると動きたくなる。相手が最もほしいものは重要感だ」

とあった。

一般のアフィリエイターの場合、この教材のアフィリ報酬は1本あたり5000円となっている。俺はそこを、メールで依頼したアフィリエイター全員をVIP扱いにして、個別アフィリエイト報酬を1本あたり8000円に設定した。

通常よりも3000円のアップ。人を動かすときに最も重要な「重要感」を演出したのだ。もしもこのとき、特別アフィリエイト報酬を1000円アップの1本6000円にしていたら、恐らく協力者は少なかったと思う。

俺は「現金な奴らだなぁ〜（苦笑）」と思いつつ、彼らに依頼して自分の情報教材を販売した。

## 読破（第3章）
## Lesson 19

すると、あれよあれよという間に初めての情報教材『ヤフオク・アマゾンを使い倒し、たった3カ月で粗利50万稼いだ魔法のようなノウハウ』は、インフォカートでの売上ランキング第1位となり、販売からたった10日間で100万円以上の純利益を叩き出した。

教材製作費はほぼ無料。かかった経費はセールスレターをウェブ上に表示するために必要な独自ドメインが1000円ほどと、レンタルサーバーの年間使用料5000円ほど。しかも、アフィリエイト報酬は売上から支払うシステムなので、先払いによる損もない。完全にノーリスクな、異常に収益率の高いハイパービジネスモデルだった。

情報教材を販売したことによって、俺の収入は一気に上がりだし、月収100万円を超える月も徐々に増えていった。

この成功体験をきっかけに、それから俺は狂ったように情報商材を連発して制作し、大きな金を手にしていった。だけど、そのときにすでに、俺は地雷を踏んで瀕死の重傷を負っていた。

もちろん、本物の地雷を踏んだわけではないので、五体は満足。実は瀕死だということは知る由もなかった。でも、確実に〝それ〟は迫っていた。

情報教材の販売開始から約2年後のある日、俺の部屋のドアをノックする者がいたのだ。

## レッスン20
## 突然の収入アップの〝落とし穴〟に気をつけろ！

法則：失敗から学ぶための法則
書籍：『「成功」と「失敗」の法則』稲盛和夫著　致知出版社
箴言：失敗も成功も、試練だ。そして、その試練を通じて、人は成長するものなのだ。

松下幸之助、本田宗一郎と並び称される、日本を代表する実業家の1人に稲盛和夫氏が挙げられることを否定する人はいないだろう。

京セラ、KDDIなどを創業し、2010年からは日本航空（JAL）を再建。中小企業経営者を育成する経営塾「盛和塾」の塾長を務め、稲盛財団を設立するなど、広範囲な活動を今も続けている〝生きる伝説〟。

## 読破（第３章）Lesson 20

**その哲学を垣間見ることができる『「成功」と「失敗」の法則』は、成功を目指す人、失敗したくない人は絶対に読むべき１冊だ。**


ある朝、時刻は午前９時。自宅アパートのドアをノックする音が鳴り響き、扉を開けると、スーツ姿の２人の男が立っていた。

男たちが差し出した名刺を見ると、そこには「税務署」の文字。つまり、税務署の職員がやってきたのだ。

話を聞いてみると、いろいろと領収書や請求書などを提出しなくてはいけないらしい。そして、それらを税務署に提出したあと、税金の計算をし直して、追徴課税分を支払ってもらう、というのが、俺のアパートに来た彼らの言い分だった。

嫌な予感がしながらも、俺はまったく意味がわからなかった。

２００５年に個人事業主として税務署に申請をしてからというもの、俺は毎年の確定申告を欠かしたことはなかったし、送られてくる書類に従って、きっちり税金を支払っていた。

当たり前の話をするが、日本の法律では、事業を行って利益が出た者は確定申告をしなくてはならないと定められている。

確定申告は自分でやれば、当然ながら経費はかからない。そういう理由から、俺は会計士を雇わずに、何冊かの本を読みながら確定申告のやり方を学びつつ、自分で申告書を作成して税務署に提出していた。正直なところ、当時は税金関係には無知すぎて、「まぁ、こんなモンだろ〜」という感じで申告書を作成し、青色申告していたのだ。

我ながら雑というか適当だった。

確定申告をする場合、サポートをしてくれる青色申告会に相談窓口があり、確定申告でわからないことがあれば無料で何から何まで教えてくれる。俺は本で基礎を学び、担当者の助言に従って申告書を作成し、税務署に提出すればいいと思っていた。

ただ、俺はエクセルが苦手というかほぼ使えないので、今になって冷静に考えてみると、入力ミスもかなり多かったのだと思う。

それに、助言をくれた担当者たちも、情報商材やアフィリエイトという割と最近のビジネスによる売上や、アフィリエイターたちに支払った報酬をどう仕訳していいのか、もしかしたらよくわからなかったのかもしれない（人のせいにしてしまうのは良くないが、実際に担当者がコロコロ変わって、担当者に一から情報商材の売上やアフィリ報酬の仕訳についての話をしなくてはいけない状況が多々あった）。

それでも、税務署へ提出した申告書は受理された。だから俺としては、問題ないと思っていた。

だけど、全然問題なくなかったのだ。

「そんなのすぐに出せないし、こちらから税務署に持参するから今日は帰ってくれ！」

俺はとりあえず状況を落ち着かせようと、そんな言葉を税務署の職員に向かって言った。だけど、向こうは「そういうわけにはいかないのです！」の一点張り。「領収書や請求書を受け取るまでは帰れない」と言い張り、部屋に居座った。生きるか死ぬかという経済状態だった個人事業主が情報教材販売のおかげで収入がそれまでより数百万円以上、一気に上ったのだ。税務署に目をつけられてもおかしくなかった。

それが向こうの仕事だから仕方がないとはいえ、俺は「マジで邪魔だなぁ～」と思いながら仕事をした。そして17時になると、職員たちは「今日は税務署に戻ります」と言って帰っていった。

翌日の朝、また朝の9時にドアをノックする音が響いた。

「今日も来たのか？　参ったなぁ～」と思いながらも職員たちを部屋に招き入れて、彼らを無視するようにして仕事をするしかない。

当然、彼らは17時まで居座る。実は危機的な状況に陥っていたのに、俺は「まるで映画みたいだなぁ～」と他人事のように思いながら、仕事をした。

面白いことに、彼らお役所の人間は実にわかりやすい連中だ。平日は朝9時に来て、17時になったら帰る。当然、土・日・祝日は来ない。

とはいえ、毎日9時～17時で居座られたら、本当に仕事にならない。やがて俺は根負けした。というか、打つ手・勝つ手がもうなかったと言うほうが正しいだろう。

「申し訳ないけど領収書や請求書は全部は揃わない。ここにあるだけだ。追徴課税分はそちらで振込用紙なんかを作って送ってください」

そう言うと、彼らは俺の渡した紙束を抱えて、そそくさと税務署に帰っていった。

そしてその後、2人組が姿を見せることはなかった。

しばらくして、当然のごとく追徴課税のお知らせが郵送で届いた。

課税金額は数百万円！

その紙きれを目にした瞬間、俺は膝から崩れ落ち、しばらく立ち上がれなかった。

読破（第3章）

# Lesson 20

成功する人間と、失敗する人間の違いは、どこにあるのか？
それは「素晴らしい人生を送るための原理原則」に則っているか否かにかかってい
て、その法則に則った人間は成功し、法則から外れた人間は失敗するのだ。
では、成功と失敗はどこで分かれるのか？
数々の試練に遭いながらも、それを「成長するための絶好の機会」と捉え、誠を尽
くし、何事にもひたむきに打ち込むことが、成功を手にするために大切なこと。
地獄と極楽は、実は外見はまったく変わらない。現実の世界も同じで、心のあり方
次第で極楽にも地獄にもなりえるのだ。
俺は今回の失敗を糧にするため、日本で指折りの経営者である稲盛和夫氏の『「成
功」と「失敗」の法則』を購入して読んでみた。そして、そのようなことを学んだ。
ひたむきに誰にも負けない努力を続けることは難しいが、決してできないことでは
ない。
言われるままに追徴課税を支払った俺は、「成功を掴むまで愚直に努力を続けよう」
と心に誓ったのと同時に、今回の税務署のガサ入れを教訓として会計士を雇った。
二度と同じ轍を踏まないために……。

# レッスン21
# なりふり構わずマムシのようなしつこさを持て！

法則：失敗から学ぶための法則
書籍：『たった一人の熱狂』見城徹著　幻冬舎文庫
箴言：圧倒的努力とは、無理や不可能に立ち向かい、人があきらめても自分だけは苦難を極める努力を続けることだ。

全国に出版社は３０００社あるといわれ、何千人といる編集者の中で「出版業界の革命児」と呼ばれているのが幻冬舎代表取締役社長の見城徹氏だ。

角川書店時代には、「角川では絶対に書かない」と言っていた五木寛之、石原新太郎、村上龍、つかこうへいなどの作家を次々と口説き落とし、「ベストセラーの裏に見城あり」とまで言われる仕事っぷりを発揮。石原慎太郎との契約に際しては、彼の作品である『太陽の季節』と『処刑の部屋』を本人の目の前で暗唱し、石原慎太郎に「わかった。もういい。お前とは仕事するよ」と言わせた逸話まであるくらい

## 読破（第３章）
## Lesson 21

**だ（他にも破天荒なエピソードは多々あり）。**

**見城氏による、仕事に熱狂し、圧倒的な結果を出すための55の言葉をまとめた『たった一人の熱狂』を読めば、「お前にも絶対にできる！」という力強いエールをもらっているような気持ちになることは必至だ。経営者、独立を目指す人はもちろんのこと、ビジネスで結果を出したいと願うすべての人に読んでもらいたい。熱いメッセージを受け止めて、絶対にあきらめない気持ちを持つことを強く願う。**

税務署の職員がやってきたことからもわかるように、ヤフオク！やアマゾンマーケットプレイスでの売上は徐々に伸びていたし、販売単価が高く、商品を在庫する必要がない情報教材の販売で月収50万円、良い時で１００万円くらいは維持できるようになっていた俺だったが、とはいえ、新しい仕入れ先を開拓し、新しい商品を導入しないと爆発的に大きく稼げない実感を持っていた。

それに、情報教材の販売をきっかけにお会いする機会が増えた情報起業家の方々を見ていると、彼らはものすごく稼いでいて、今の自分レベルの収入ではあまり儲かっている気がしなくなってしまっていたこともあった。

他人の庭は青く見える、というのもあったのかもしれない。自分自身を成長させたい気持ちが強くあり、もっともっと成長すれば収入も上がると思っていた。「環境が自分を作る」という言葉のように、自分の周りにお金持ちが多くなると、自分もお金持ちになりたいと自然に思うようになるものだ。

そこに行くための努力は相当なものだろうし、その過程に生じる成長痛も大きなものだろう。だけど、「所詮は同じ人間なのだから、やってやれないことはない」と思えるようにもなっていた。

その糸口として俺は、今、最も勢いがある「中国」に目を向けた。

当時は日本ではまだあまり知られてなかった中国・義烏《イーウー》の福田市場。福田市場は「世界の工場」と呼ばれ、世界中のバイヤーがこぞって仕入れに来る。その規模は311万平方メートル(東京ドーム約67個分)。店舗数6万ブース以上のサプライヤーがひしめき合っているのだ。

福田市場で今の自分にない何かを掴めば、一気にレベルアップできるはず。

そんな気持ちの高まりを胸に、俺は中国へ渡った。かかった渡航費は8万円。滞在日数は3泊4日。限られた時間の中で結果を出さないといけない、絶対に負けられない戦いだった。

ところが市場が広すぎ（なんと日本最大の展示場東京ビッグサイトの約39倍だ）、サプライヤーも多すぎて、巨大な市場の中で利益が出る商品を探し出すのは容易ではなかった。

営業を開始する朝9時に市場に入り、とにかく、たくさんのサプライヤーを回って、たくさんの商品を見た。闇雲に自分の感覚で商品を仕入れると、稼ぐ確率が下がることを懸念した。

そんな中、「2匹目のどじょう狙いで数打ちゃ〜当たる」の作戦で、アマゾンランキングが高い商品＝すでに売れている商品、もしくはアマゾンランキングが高い商品に似ている商品だけサンプルとして仕入れることにした。

さらに、サンプルはできるだけ多くの商品をできるだけ少ない数で仕入れまくり、最小限の資金でたくさんの商品をテスト販売しようと考えた。

この方法なら、いつか利益が出る商品に当たるはずだと仮説を立てた。

市場を回りながらのアマゾン検索は、非常にタフで骨の折れる作業だったが、日本からエッチラオッチラと中国の奥地まで来ていたわけだから、そんなことであきらめるわけにはいかない。まるで後半のロスタイムでホイッスルがいつ鳴ってもおかしくない状況の中、無理な体勢でも強引にシュートを打つストライカーの気分だった。

疲れて心が折れそうになると、見城徹氏の『たった一人の熱狂』に書いてあった「圧倒的努力とは、無理や不可能に立ち向かい、人があきらめても自分だけは苦難を極める努力を続けることだ」という言葉を思い出し、奮起した。

石原慎太郎本人の目の前で、彼の作品である『太陽の季節』と『処刑の部屋』を暗唱した話だったり、見城氏は、その熱意や破天荒なエピソードに事欠かない男だ。

また、「努力は裏切らない」というメッセージは一貫していて、思い出すたびに自分の努力の足りなさを痛感させられた。

それにこの本を読んでいると、「とことん突き抜けた圧倒的な努力を続ければいいだけ。お前にも絶対にできる！」という力強いエールをもらっているような気持ちにもなれる。一つひとつの言葉に迫力と重みがあり、「自分の行動と人生を変えていくしかない」という気持ちにさせられる。

6万ブース以上のサプライヤーを見て回りながら、心も体も疲弊しきったときこそ見城徹氏のような太い心構えを持って、最後まであきらめずにやり抜いて必ず中国で勝利を掴んでやると誓い、儲かりそうな商品を探し続けた。

# 読破（第3章）Lesson 21

結局、中国・義烏に滞在した3泊4日で身も心も満身創痍状態。息も絶え絶え、精根尽き果て、誰がどう見ても『あしたのジョー』のラストシーン状態で帰国した俺だったが、もうひとがんばり、とすぐさまサンプルとして仕入れた商品を出品し、反応をチェックするフローを繰り返していった。

すると、俺的に驚きの結果が出た。

ポツポツと売れ出したのが、手芸用のパーツだったのだ。幅広いジャンルの商品を扱わないとテストマーケティングしたことにならない理由から、「仕入れ単価が安い」という理由だけで仕入れた手芸用のパーツが、売れていくではないか。

LEDライトや卓球用品など、いわゆる「プロダクト商品」として完成している中国らしい商品を必死で探していた俺としては、これは驚きだった。

「数打ちゃ～当たる！」と信じてバッターボックスに立ち続けたら、本当に当たった。他のセラーが気づかない盲点とも言えるニッチなジャンルの金脈を掘り出した気分だった。

「キッタ～～!!」

見城さん、俺にもできたよ！

結果が出ないときこそトライ数を上げることを、それこそマムシのようにしつこく、日頃から意識的に実践していた結果、俺はついに当たりくじを引き当てたのだった。

## レッスン22
## 売り込むのではなく、相手に買いたくさせろ！

法則：相手から「買わせてください」と言ってくる法則
書籍：『あなたの会社が90日で儲かる！』神田昌典著　フォレスト出版
箴言：お客を自動的に生み出す、究極の営業システム。

もしも商品を取り扱っているとして、お客さんが自分からその商品を求め、「買わせてください」と言ってきたとしたら、こんなに楽なことはないだろう。

この売り手側主体の手法を「エモーショナル・マーケティング」と呼ぶ。

そして、これを提唱している書籍が、神田昌典氏の『あなたの会社が90日で儲かる！感情マーケティングでお客をつかむ』だ。

## 読破（第3章）Lesson 22

**神田昌典氏のその手法の徹底ぶりはすさまじく、ショッキングピンクのカバーデザインからすでにエモーショナル・マーケティングは始まっている。つまり、この本を手に取った瞬間、すでにあなたは神田昌典氏の手法にハマっているということ。もちろん、カバーだけではなく内容でも、飛躍的に売上を上げる方法が書かれているので、ぜひ読んでもらいたい1冊だ。**


人生には勝負のときがある。そんなとき、決断を猶予したり、回避したりすれば、運命の女神さまは微笑んでくれない。

そもそも、人生は決断の連続だ。今、自分がこうしていることは、過去の自分がそのときに下した決断の結果でしかない。

「もっと手芸用のパーツのバリエーションを増やすべきだ！」

そう直感的に思った俺は決断し、思い立ったら吉日とばかりに初渡航から約1カ月後、再び中国・義烏の福田市場に足を運んだ。渡航費はそれなりにかかったが、千載一遇のチャンスだったたから勝負するしかなかった。

運命の女神さまには〝前髪〟しかない、という。

一体それがどんなヘアスタイルなのかわからないが、パンクスである俺にとっては、運命の女神さまはきっとサイコ刈り（サイコビリーという音楽のジャンルをやっている人、好きな人が好む、前髪を極端に鋭く尖らせて、それ以外は丸刈りという髪型）なんだと思っていた。

そんなサイコ刈りにしている女神さまの前髪をつかむべく中国入りした俺は、可能な限り、ヒットしそうな手芸用パーツのバリエーションを増やし、横展開するように商品を仕入れた。プロダクト商品のような完成している商品と比べて、手芸用のパーツは仕入れ単価が圧倒的に安いのも横展開するに幸いだった。

仕入れ単価が圧倒的に安いので、100個、300個、5000個、10000個……と数量のバリエーションを増やすことも可能になった。こうすれば販売価格を上げるのがたやすく、仕入れ単価が安いので利益率も高くなるというわけだ。

商品バリエーションを増やした結果、売上は上がっていった。


販路も、「おちゃのこネット」というネットショップ運営サービスを利用して、独自のネットショップを起ち上げた。

アマゾンマーケットプレイスやヤフオク！などの大企業のプラットフォームで商品を販売すると、どうしても販売手数料を徴収されてしまう問題がある。ところが、ネットショップ運営サービスを利用して独自のネットショップで商品を販売すれば、年間使用料だけ支払えば販売手数料を徴収されない利点もあって、結果的に利益を多く残せる。

このネットショップの構築も、ミュージシャンで生きていくという夢が破れた頃から有料ワークショップや有料セミナーをたくさん受講したおかげで、完璧ではないにしろ、一通り作れる技術は持ち合わせていた。

業者に頼んでネットショップを製作してもらうことも可能だが、運営者である本人がある程度を理解していないことには、製作依頼もできない。その理解のために「初歩の初歩のネットショップ構築講座」から「売上を伸ばすためのネット販売講座」など、初心者講座から実践的な講座まで、自分の心が動いたら受講費がどんなに高くても参加するようにしていたのだ。

おかげで四苦八苦しながらでも、徐々に身に着けたスキルで自力でネットショップを起ち上げられた。

ネットショップを起ち上げてからは、広告による告知でもっと売上が上がると予想して、まずはファッション雑誌の『ＫＥＲＡ』に4分の1枠で広告を掲載してもらった。『KERA』は、原宿ストリート系やヴィジュアルバンド系のファッション雑誌で、中国で見つけ出した商品との相性はぴったりだった。

ちなみに、税込み5万4000円の掲載料を、定期的に出稿すると交渉して、税込み4万6000円まで値切った。

広告には商品を1つも載せずに「【無料サンプル】プレゼント」とだけ記載し、無料サンプルの画像と応募URLとQRコードだけ掲載した。無料サンプルで見込み客のメールアドレスを収集し、ステップメール（自動配信メール）で徐々にセールスするという戦略だった。プレゼントは中国製で単価が安いのでこちらの懐にも優しい、というメリットもあった。

これはかなり大胆な試みだった。とはいえ、根拠はちゃんとあった。

毎度おなじみ、神田昌典大先生の『あなたの会社が90日で儲かる！』に書いてあったノウハウをそのまま実践したのだ。できるだけアプローチの回数を増やすことで商品が売れ易くなるという「ザイオンス効果（単純接触効果）」を得ることを狙ってのものだった。

他にもこの本には、いかに感情マーケティング（エモーショナル・マーケティング）で商品を買わせるかが書かれている。

## 読破（第3章）
## Lesson 22

人は理屈で商品を買うのではなく、感情で商品を買ったあとに理屈で納得するので、見込み客の感情を一目で動かし、気になるように仕向け、思わず買ってしまうようにすると、理屈で買ったと納得するのだそうだ。

そして、見込み客を育てていき、LTV（ライフ・タイム・バリュー＝顧客生涯価値。顧客（＝1人または1社）が、特定の企業やブランドと取り引き開始から取り引き終了までの期間（＝顧客ライフサイクル）内にどれだけ利益を生むのかを算出したもの）の重要性を強く説いている。

初回の広告掲載で見込み客のメールアドレスが思ったより集まったので、同じ『KERA』で、今度は1ページ枠で掲載してもらった。

掲載料は、やはり値切って税込み15万円なり。4倍の結果にはならなかったが、1ページ枠はインパクトが大きく、なかなかの反応があった。

同じ雑誌の広告で毎月15万円の出費は採算が合わないことが目に見えていたので、『BURRN！』や『音楽と人』などの音楽系の雑誌にも、月を変えて出稿した。

そこでは広告出稿ではなく、「読者プレゼントを無料で提供するのでプレゼント提供元として俺が運営するショップの名前とURLを誌面に入れてくれないか？」と交渉した。この提案は功を奏し、出稿したすべての雑誌の読者プレゼントコーナーの枠に掲載され、俺が運営するショップの名前とURLが誌面に掲載された。

これも、ザイオンス効果の戦略の1つ。

実際には弱小ネットショップなのだが、一般の書店に置かれる雑誌の読者プレゼントコーナーに掲載されている認識を与えることで広告費以上の効果が見込め、かつ雑誌で広告やショップ名をよく見かけるショップだという信頼も勝ち取れた。

さらに、雑誌広告だとどうしても単発の広告になってしまうので、グーグル広告（グーグル・アドワーズ＝その広告に関連するワードを事前に設定しておくことで、グーグル検索の検索結果表示画面などにおいて、ユーザーの検索ワードに適した広告が表示される仕組み）と、ヤフー！のリスティング広告（一般ユーザーの検索結果画面に、検索したキーワードに関連した広告を表示する仕組み）を開始した。

これにより、俺のネットショップは24時間365日セールスすることが可能になり、その結果、月商200万円を超える独自ネットショップに成長させることができた。まさに運命の女神さまの前髪を、俺は掴んだのだ。

月商200万円×12カ月＝年商2400万円。

同じやり方でネットショップを量産しまくればマジで億万長者も夢じゃないぞ!

違う商品を扱うネットショップ10店を運営すれば、単純計算で年商2億4000万円になる。

「利益率30%を出せれば、年収7200万円だ～」

なんて、まだ1つのネットショップしか成功してないのに、勝手に10サイトのネットショップが成功した利益のシミュレーションをしてニヤニヤしていた俺だったが、これは「捕らぬ狸の皮算用」ではなく、当然ながら、アファメーション(「私はできる」や「私はもっと良くなる」など、自分自身へのポジティブな宣言のこと)の一環だった。

読破(第3章)

Lesson 23

## レッスン23 叶えたい夢は、書いて自分に刻み込め!

法則:夢を叶えるための8つの習慣

書籍:『非常識な成功法則』神田昌典著 フォレスト出版

**箴言：目標を書いた紙を、夜寝る前にボヤ～ッと眺める。そして朝起きたときに、またボヤ～っと眺める。それだけ。**

**成功法則に〝常識〟があるとしたら、「非常識」もまた存在する。**

**神田昌典氏の『非常識な成功法則』は、「夢を叶えたいなら、なりたい自分の姿を口にする・なりたい自分の姿を書く」という誰もが一度は聞いたことがありそうな成功法則を、非常識な8つの習慣で体系化した1冊。**

**だけど、読んでいて「なるほどなぁ～」と思わせる説得力がすごく、短期間で結果を出したい人にとってはとても参考になる成功法則本だ。「新装版」「マンガ版」といくつかあるので、まだ読んでいない人は自分のタイプに合わせて、絶対に読んだほうがいい。絶対に。**

初めての情報教材を作成していた頃にはすでに、俺はネット販売のノウハウを公開するメルマガを書いていたことはすでに語った。ただ、当時は読者も数百人程度で、メルマガとしてはショボ～い部類だった。

それでも、俺にとってはありがたい数百人のメルマガ読者だったので、俺は真剣に

読破（第3章）

## Lesson 23

書いていたし（それが後に加筆・修正されて教材になったわけだし）、編集後記には「いつかは本を出したいです！」と書いたときもあった。

成功法則の王道中の王道に「夢を叶えたいなら、なりたい自分の姿を口にする・なりたい自分の姿を書く」というノウハウがある。

神田昌典氏をはじめ、『夢をかなえるゾウ』の水野敬也氏など、あまりにも有名すぎて、誰が最初に言い出したのかがわからないくらい有名なノウハウだ。

そして、王道中の王道と言うだけあって、その効果もキングサイズ。

なんと、俺のメルマガを読んでいたTさんという方（同じくネット販売で稼ぐ系のメルマガを発行していて、出版経験もある方）が、出版社に「ヤフオク！で結構稼いでいる山口さんが、本を書きたがっているみたいですよ」と伝えてくれたのだ。

そして、本当に出版の依頼が来た！

まさに王道中の王道。なりたい自分の姿を書いていたら、夢が叶った瞬間だった。

この法則を提唱している代表的な1冊が、神田昌典大先生の『非常識な成功法則』だ。この本には、「夢を叶えたいなら、なりたい自分の姿を口にする・なりたい自分の姿を書く」のための8つの習慣が書かれている。

1. やりたくないことを見つける
2. 自分にかける催眠術
3. 自分に都合のいい肩書き
4. 非常識的情報取得術
5. 殿様バッタのセールス
6. お金を溺愛する
7. 思い切った決断をしない
8. 成功のダークサイドを知る

この本がユニークなのは、一般的な成功法則本のほとんどが「善の行い」で成功することを前提に書かれているのに対し、成功するための最短のルートとして「悪の感情」を利用することが推奨されていることだ。成功したい気持ちは「悪の感情」から始まる、というのだ。

そして、「やりたくないこと」を明確にすると「やりたいこと」が見つかる、とも書かれている。

## 読破（第３章）
## Lesson 23

ここまで読むと、なんだかアバンギャルドで逆説的な内容の本だと思うかもしれないが、そうじゃない。途中からは、スタンダードな成功法則にシフトチェンジしていく。

人生の目的意識をはっきりさせ、自分の目標10個を紙に書き、それを眺めてニタニタする。それを毎晩、繰り返すとその目標は実現する。数々の成功法則本に書かれている通り、やはり、成功したいなら「自分の夢や目標」を紙に書くことが重要と説いているのだ。

なぜ、目標を書くと実現するのか？

書くと脳は勝手に必要なことを集め出し、答えを検索するからだ。

実現したい目標を書いて潜在意識にインプットしておけば、脳は目標を実現するために答えを探し出さないわけにはいかない。そしてその目標は、「具体的で」「計測可能で」「同意されており」「現実的で」「期日が明確」になっている必要がある。

俺はその方法を信じつつ、多少、半信半疑になりながらも「いつかは本を出したいです！」とメルマガに書いた。だからこそ、本当に出版の依頼が来たのだ。

数ヶ月後、商業出版としての処女作である『ヤフオク・モバオクの達人養成講座』が翔泳社から出版された。

俺が書いた本が紀伊國屋書店新宿本店の店頭に置かれているのは、自分の目で見てもなんだか信じられない気分だったが、現実だった。実際に本は、全国の書店に流通し、棚に置かれていたのだ。

さらにこの本はアマゾン総合売上1位を獲得し、その後も10年間で12冊の書籍を出版させてもらった。そして現在も、新刊の執筆をしている。

自分の夢を胸にしまっておいたら、この本も世の中に出ていなかったかもしれない。夢をしまっておいても、一生、誰も気づいてくれないものだ。

それよりは、口に出したり書いたりしたほうが夢は叶う。

20歳で左肩に「Don't Tread On Me」とタトゥーを彫ってもらったときもそうだった。一生、消えない文字を身体に刻み、一生、やり抜くために腹を括ったからこそ、自分を裏切らない人生を送っている。

世間的にはアウトローな人間の仲間入りをしたわけだが、自分の決意を肌に彫ってもらったら、その通り〝自由を踏みにじらない〟〝自分を裏切らない〟人生になった。

なにも、タトゥーを彫れと言いたいんじゃない。

タトゥーがあると世間的にアウトローとして見られるだけでなく、物理的にスポーツクラブに入会できなかったり、温泉やプールに入れないだけでなく、高額の生命保険にも入れなくなる場合あるからだ。

そんなリスクを背負うよりは、まずはタトゥーを彫るのと同じような結果が出る「自分がなりたい姿を紙に書くこと」から始めるのがいいんじゃないか、と俺は思う。紙に書いて心に刻め、ってこと。

数々の成功法則に書かれているこの方法は、信じられないくらい効果がある方法なんだから。



Lesson 24

## レッスン24 どうせなら口グセは成功につながるものにしとけ！

法則：成功を手に入れるための簡単な習慣
書籍：『ツイてる！』斎藤一人著　角川書店
箴言：「勝負強い人」というのがいるんです。そういう人は、たいがい「自分はツイてる人間だ」と思っている人だ、ということです。

**「銀座まるかん」創業者で、全国高額納税者番付総合10位以内に毎年入り、2003年には累計納税額日本一になった謎の億万長者、斎藤一人氏。そんな日本一の大金持ちの最強成功法則や精神論が学べる本が『ツイてる!』だ。**

**その成功ノウハウはいたってシンプルで簡単。誰でも今日から実践できる内容で、しかも成功哲学系の本には必ずといっていいほど出てくる考え方を、非常にわかりやすく説明してくれている1冊。**

**愚直に成功者の真似をするときにも始めやすく、成功したいと思っているなら当然、この本も読んだほうがいいに決まっている。**

商業出版が実現してから1年が経った頃。

ひょんなきっかけで、俺は個人事業主から株式会社の代表——つまり、法人を設立することになる。

かつて、切磋琢磨していた起業家仲間の1人にS氏がいた。現在では多数の会社を経営しており、情報系ネットビジネス業界ではかなり有名な人物だ。

ただ当時は、俺もS氏も個人事業主で、コラボでセミナーを開催したり、一緒に情報教材を製作していた。

そんなS氏がある日突然、「会社を作ることにした」と言ってきた。しかも、登記の準備はすでに済ませてあるという。

まさに、これは〝寝耳に水〟だった。

当時の俺には会社を作るビジョンはまったくなかったし、かといって、この先もS氏と仲良しこよしでやっていくつもりもなかった。だけど、このままだと、なんだか起業家仲間であるS氏に置いて行かれそうな気がした。

さらに、同じく起業家仲間の1人だったY氏も会社を作るという（Y氏も今では複数の会社を経営している）。

正直、焦った。

S氏だけではなく、一緒に活動している起業家仲間たちに置いていかれる。焦ると同時に悔しい気持ちが、俺の中でむくむくと湧き上がってきた。

そして俺も、会社を作ることにした。

会社の名前は一発で決まった。いや、会社を作ると決めた瞬間にから決めていた。

株式会社グローリーだ。

日本語で「栄光」という意味の言葉だが、これは何も思いつきで決めたわけではなかった。ちゃんとした意味があった。

まず、その社名は、日本で一番有名なパンクバンド、ラフィン・ノーズの代表曲『ゲット・ザ・グローリー』からいただいた。曲のサビで「栄光を掴め！ Oi！Oi！Oi！」の大合唱のエンドレス的リフレインだ（とはいえ、実際は3分に満たない曲なので、ぜひ聞いてみてほしい）。

だけど単に、ラフィン・ノーズが好きで、この曲が好きだったからだけではない。斎藤一人氏の『ツイてる！』に書かれてある成功法則にも紐づいている。斎藤氏は「どんな時でも『ツイてる！』と口にすると自然とツキが回ってくる」という成功ノウハウを提唱している。

さらにこの本は基本的に斎藤氏が語りかけてくるような口調の文章で、ノウハウはすべて実践しやすく、深い話でも難しい内容はなく、理解しやすい内容になっている。

商人としての成功のノウハウだけではなく、心の豊かさや人生の楽しみ方などを解き、絶大な支持を得ているのだが、その中でも一番有名なのが『ツイてる！』と言うだけで、すべての良いことがやってきて成功する」ということの口グセ理論なのだ。

もうわかったと思う。

会社名を「グローリー」にしたのは、会社名を名乗るとき、毎日、毎回「グローリー＝栄光」という言葉を口にする状況が必然的に生まれる。メールを送る場合には、「栄光」と書く状況が必然的に生まれることになる。しかも、俺がこの会社を続けている限り永遠に続く。

これは数々の成功法則本に書いてあるゴールの可視化であり、「紙に書き、声にするとマインドが目標に向かう」というノウハウの実践でもある。

まさに「栄光を掴め！」と、俺が毎日「なりたい自分の姿」を口にする、成功法則の行動一直線な社名だったのだ。



読破（第3章）
Lesson 25

## レッスン25 「好事魔多し」に注意しろ！

法則：好事魔多しの法則
書籍：『ヤクザの実戦心理術』向谷匡史著　ワニ文庫
箴言：毒をもって毒を制する

**まっとうにビジネスをしていたり、まっとうに働いて人生を送ったりしていると、まず出会うことはない類の人たちがいる。いわゆる、〝その筋の〟人たちだ。さすがに俺も、そこに関わることはないと思っていた。**

**だけど、有名になってしまったことで、それが揺らいだ。そんなときに助けてくれたのが向谷匡史氏の『ヤクザの実戦心理術―なぜ彼らの言いなりになってしまうのか』だ。**

**暴力よりも言葉を磨く、現代ヤクザたちの禁断の裏技を紹介してくれているこの本は、単に読み物として勉強になるだけでなく、ビジネスや恋愛など、俺たちの日常でも活用できるテクニックが満載の1冊だ。**

「好事魔多し」とはよく言ったもので、順調に物事が進んでいるときには、悪いことが起きやすいのは世の常なのかもしれない。

初の書籍『ヤフオク・モバオクの達人養成講座』がアマゾン総合売上1位を獲得したあと、たちまちネット上の有名人になった俺の元に〝魔〟たちが訪れた。

ネット上で有名人になってしまったことで、ありがたいことに雑誌の取材や地上波テレビの出演の依頼が一気に増えた。

# 読破（第3章）Lesson 25

だけど、ありがたくないことに、知名度が上がり、いろいろなメディアに露出するようになると、厄介なことも起きてくるものだ。特に、出版や地上波のテレビ出演は自分が思っている以上に影響力が大きく、当時は今と比べるとさほど稼いでないのに、相当稼ぐ奴だと思われていたらしい。

俺は〝チンピラ〟から目をつけられてしまった。

第一の〝魔〟であるチンピラは最初、メッセージで俺に連絡をしてきて、イチャモンが始まった。まったく身に覚えのない俺は、当然ながら最初はシカト。だけど、やがてチンピラの行動はエスカレートし、俺の悪口を自分のブログに書き込むようになっていった。

そしてついに、「やめてほしければ100万円用意しろ!」というメッセージが届いた。見事なまでの〝強請〟である。

加えて、俺の友達に「山口のやっていることはしょーもないことばかりで、最低のクズでクソ野郎だ!」といった内容の誹謗中傷のメッセージを毎日、毎日、送りまくるようになった。

相手はどこの誰だかわからないチンピラだ。俺にできるのは、友達からの誹謗中傷のメッセージが届いているという報告を受けるたびに、ブログを運営している会社に嫌がらせ内容を報告し、誹謗中傷のメッセージを削除してもらうことだけだった。

だけど、そのことが気に食わなかったらしい。

チンピラは、今度は俺のアマゾンアカウントを調べ出したのだ。


アマゾンマーケットプレイスでは、規約上、特商法の開示が義務づけられていて、販売者は販売責任者、住所、電話番号、メールアドレスを記載しないと商品の販売ができないシステムになっている。だから、販売者の情報を調べるのは誰でも比較的簡単だ。


そして俺の場合、開示している特商法の住所はそのまま俺の住んでいるアパートだった。チンピラはそれを調べ上げ、アパートにガチコミしてきたのだ。

もちろん、戦わずにすぐさま110番通報。しばらくして2人組の警察官が現れると、「警察へ行ってじっくり話そう」という俺の提案をスルリとかわして、チンピラは帰ってしまった。

実際にはまだ罪を犯してないので、警察官から任意出頭を求められても拒否ができる。強制的に署へ連行できないことをチンピラはよくわかって俺が住んでいるアパートまで来ていたのだ。

もちろん、そのあとには嫌がらせのメッセージが連続で送られてくる。

「今日は命拾いしたな。いつまでもこうはいかないぞ！」

「いよいよ楽しくなってきたな。」

という感じで、じわりじわりと俺の心を揺さぶってくる。

「殺すぞ！」や「助かりたかったら金払え！」とダイレクトに書いてしまうと、殺人未遂や強請の証拠にされることもわかっているのだ。法に触れない語句だけを使って、巧みに俺の心を揺さぶり続けてきた。

なかなかやっかいな奴だった。


このピンチから脱する方法を求めて、翌日、俺は紀伊國屋書店新宿本店に駆け込んだ。

そう、困ったときは本で学んで解決すればいいんだ。

今までず～っと、そうしてきたんだから当然だ。

そして、『ヤクザの実戦心理術―なぜ彼らの言いなりになってしまうのか』という本を見つけた。もちろん、目次を見てその場で買って帰ることにした。

ビジネス、実用本のコーナーに置いてあるだけあって、なかなかに実用的な内容だった。人がどうしてヤクザの言い分に従ってしまうのか、彼らの使う論理術、説得術、交渉術、問題解決術、人心掌握術などが解説されていた。

世の中にはなかなか出回らない、その筋の人たちの深い知識と禁断のテクニックを得ることができて、ホッと安心。対応策も掴むことができた。しかもその内容は、ビジネスや恋愛の交渉事など、表社会でも使えるもので、ちょっと得した気分になった。

その後、そのチンピラとは向こうの要望で呼び出され、港区の喫茶店で1対1の話し合いをしたこともあった。

1対1とはいえ、向こうがどこに仲間を忍ばせているかわからない。もしかしたら後ろの席で俺の背中を狙っているかもしれなかった。

いざ囲まれてボコボコにされてはかなわない、と、さすがにそのときだけは身の危険を感じてポケットにナイフを忍ばせて待ち合わせの喫茶店に向かった。ナイフを手にしたくないのが本音だったが、自分の身を守り、俺が生きていくためにはやられる前にやるのは仕方ないと思ったのだ（結局、ナイフを使わずに済んだが）。

最悪の事態は避けられたが、この頃にはもう自分の力だけではどうにもこうにも収集がつかないと思うようになっていた。

## 読破（第3章）Lesson 25

そこで、ようやく弁護士を雇うことにした。俺と同じくネット販売で生計を立てている知り合いN氏から、信頼できる弁護士としてA氏を紹介してもらい、問題解決に向けて動いてもらった。

着手金は30万円。だけど、これが安いのか高いのか、当時の俺にはまったくわからなかった。他に方法がなかったから仕方なく払った、と言っても過言ではない。

弁護士Aは、チンピラに対して「法的に徹底的にやる」という方針で戦い、そうなると勝算がないことを気づかされたチンピラは、やがて嫌がらせをやめた。

ようやく強請問題は解決したわけだ。

俺は約束の成功報酬20万円を弁護士Aに支払った。総額50万円は当時の俺には高いと思える金額だったが、それでも強請に屈せずに落着できたし、自分ひとりだったらどうなっていたかを考えると、これはこれで有名になったことへの1つの勉強になったと思うことにした。

と思っていた矢先、意外なことが起きた。

チンピラの強請事件を解決してくれた弁護士Aから、電話がかかってきたのだ。

内容は有料セミナーの参加のお誘いだった。

しかも、その受講費は100万円なり。これが第二の〝魔〟だった。

弁護士Aには、強請事件を解決してくれた恩があったので話だけは聞いたが、すぐにそれは蟻地獄の入口だと気づいた。

チンピラに100万円払って嫌がらせをやめてもらうのは納得いかなかったので弁護士に総額50万円を払って強請問題を解決したが、今度はその「恩を返さないと気まずい」という心理を利用した弁護士から、100万円のセミナーに誘われている。

人の弱みにつけ込んで、一難去ってまた一難。

問題解決中は俺の味方だと思っていた弁護士Aだったが、単にお金を払って味方につけただけで本当の味方ではなかった。

そのことにかなりのショックを受けつつ、俺は電話を切って弁護士Aを完全にシャットアウトした。頭の中で、ザ・ブルー・ハーツの「トレイン・トレイン」が流れた。

「ここは天国じゃないんだ　かと言って地獄でもない
いい奴ばかりじゃないけど　悪い奴ばかりでもない」

当然のことながら弁護士Aとはこれ以降、一度も会っていない。

Lesson
26

# レッスン26
# 足を引っ張る輩とは早々に見切りをつけろ！

法則：変化に素早く対応するための法則
書籍：『チーズはどこへ消えた？』スペンサー・ジョンソン著　扶桑社
箴言：古いチーズに早く見切りをつけたほうが、それだけ早く新しいチーズが見つかる。

2匹のネズミと2人の小人が、迷路の中でチーズを発見する。しかし次の日、忽然とチーズが消え、ネズミたちはすぐに次のチーズを探しに行き、小人たちは「戻ってくるかもしれない」と淡い期待を抱く。それが彼らの運命の分かれ道だった……。

なんて書くと、まるで小説の出だしのように感じられるが、スペンサー・ジョンソンの『チーズはどこへ消えた？』は、そんな小説仕立ての物語を通して、状況の変化にいかに対応すべきかを教えてくれる1冊だ。

1999年度の全米ビジネス書ベストセラーで1位を獲得し、今なお読み継がれ

**る名ビジネス書。ページ数も少なく、さっと読めて、とても大事なことを教えてくれる本なので、今すぐ読んでほしい。**

バンドマン人生をあきらめ、フリーター同然でほとんどプー太郎だった俺も、ビジネスを始め、酸いも甘いも経験し、二度と同じ轍は踏まないと誓いながら会社法人を設立。ようやく月収も100万円をゆうに超えて、図書館や中古屋頼みで経費や仕入れを節約しまくる必要もなくなった。

だけど、それでも人生は山もあれば谷もある、というのは真実だ。なぜか、事件は起こってしまう。

それも、身近なところから。

アマゾンマーケットプレイスで商品を販売する際、FBAサービスという有料のシステムを使うと、少ない人数でも大きな売上が狙える。

FBAサービスとは、アマゾンマーケットプレイスはもちろんのこと、自社のECサイトや実店舗、オンラインショップなど、アマゾン以外の販売経路で販売している商品の出荷・配送・在庫管理までも、アマゾンが代行して運用してくれる物流サービスだ。面倒な初期設定や固定費は一切不要で利用できるので、複数の販路で商品を販売している場合、手軽に物流のアウトソーシングができるわけだ。

ＦＢＡサービスを利用するには、アマゾンが指定するＦＣ（物流倉庫）に自分の商品を納品する必要がある。当然、ＦＣへの納品は1箱単位で宅配便などの配送料が発生する。配送業者が定めた一般価格でＦＣに納品すると、配送料で利益が圧迫されてしまう。正直、あまりいい方法とは言えない。さらに輪をかけるかのようにこの時期、国内の配送業者が足並みを揃えて一斉に送料の値上げしたのだ。

これはなんとかしないといけないと思い、ネットで調べてみるとＦＣへの納品を格安で代行するＦＢＡ納品代行会社がいくつか見つかった。その中に、ある懇親会で出会った社長が経営するＦＢＡ納品代行会社があった。しかも、調べた中で一番価格が安く、期間限定で配送料が安くなるキャンペーンもやっていた。

これも何かの縁だとばかりに、俺は早速、見積もりを取った。安い代わりに契約条件は「前払い」で、数カ月分の代金が必要だった。

金額にして、トータル２００万円ほど。結構な金額だったが、前払い金額が大きくなればなるほど1個あたりの送料が安くなる料金体系にもなっていたので、迷わず契約した。

ところが200万円を入金して「これでしばらくは配送料の心配もなく健全な経営ができる」と思っていた矢先に、このFBA納品代行会社からのFCへの納品がストップしたのだ。その後、倒産した。

倒産の知らせを聞いた瞬間、非常事態を告げる警告音が頭の中で鳴り響いた。すぐさま倒産した会社に連絡を入れたが、社長（元社長か？）ではなく担当者が平謝りするだけで一向に話が進まない。そこで、以前もらった名刺を探し出し社長の携帯に電話したが、それもつながらない。

仕方がなくフェイスブックで検索し、社長を見つけ出してメッセンジャー機能で連絡をした。

フェイスブックのメッセンジャー機能は「既読」「未読」を確認できるシステムなので既読スルーはできないし、既読スルーにしたら逃げていると思われるから分が悪い。

恐らく、「逃げられない」と観念したのだろう、ようやく社長と連絡を取ることに成功した。

FBA納品代行会社が倒産した知らせを聞いたときに、俺がこのような対応を迅

読破（第3章）
Lesson 26

速にできたのは、スペンサー・ジョンソンの『チーズはどこへ消えた？』が、警告音とともに頭をよぎったからだ。

この本は全米でビジネス書ベストセラーの第1位になった本の翻訳で、2匹のネズミと2人の小人の運命の行く末を小説仕立てで描いた、人生のさまざまな局面で読み返すべき1冊だ。

特に俺の脳裏によぎったのは「変化に素早く対応しろ！」いうノウハウだった。変化は起きるもの。だから予期し、探知し、変化が起きたら素早く対応する。そして、それを楽しむこと。そうすれば人生はプラスに転換することができるのだ。

倒産の知らせは、まさに俺が変化に対応すべきタイミングだと思った。

FBA納品代行会社の社長と連絡がついた俺は、先払いした200万円の返済を求め、返済を約束させた。もちろん、通話の一部始終をICレコーダーで録音し、最悪のときは証拠として出すつもりだった。

しかし、待てど暮らせど返金される気配はまったくなかった。

仕方なく法律事務所に連絡して、アドバイスを仰ぐことにした。

いくつかの法律事務所に相談したあと、闇の世界に詳しく、恐ろしく頭のキレる女性から麹町の法律事務所に在籍している弁護士のM先生を紹介してもらい、すべてを任せることになった。

M先生のアドバイス通りに社長と連絡を取り、真夏のジリジリとする日差しの強い暑い日の午後に、麹町の法律事務所で話し合いの場を設けた。

M先生の腕前は見事だった。羽生善治ばりの詰め将棋で、FBA納品代行会社の社長を追い込み、全額返済するという念書にサインさせた。

海千山千のプロの妙技だった。


だけど世の中、上手くいくことばかりじゃない。

今度は、全額返済する念書にサインしたにもかかわらず、社長が約束のお金を振り込まない事態になったのだ。

念書では「月1回、月末に5万円ずつ返済する」という内容に対し、5万円どころか、月によっては返済額が1000円だったりすることもあった。月に1000円だとしても返済は続けているので、金額は少ないが一生懸命、返済している言い訳にはなるわけだ。

だけど、完済を待っている側からしたら、たまったもんじゃない。

毎月1000円の返済額で200万円を完全に返済するとなると、何年かかるかわからない。1年で12000円だとして14年かかる。そんなに時間がかかるとなると、下手をすればどちらかが死んでいる可能性だって出てくる。

してやられた感があった。もちろん念書があるので、最悪、裁判に持ち込めば勝ちは確定間違いないなしだ。

だけど、そうなると当然、裁判費用と弁護士費用が発生する。それに裁判後に相手に民事再生法という手を打たれたら、先入れした200万円だけでなく、裁判費用と弁護士費用も回収できなくなり、泣き寝入りになるかもしれない（実際、そういうケースが多いそうだ）。

考えた挙句、俺は「レット・イト・ビー！ だ」と腹をくくった。なるようになるさ。時の流れに身を任せ〜ってテレサ・テンも唄っていたじゃないか。

そんな心境で社長からの返済につき合うことにした（ちなみに現在でも返済は続いている）。

今回は、変化に対して最速で対応した自負がある。だけど、それでも変化のスピードのほうが速く、追いつけなかったのが正直なところだ。

とはいえ、ここで止まるつもりはなかった。本の肝として書かれている「変化に素早く対応し、変化を楽しむしかない」というノウハウで、悔しさとやるせなさいっぱいの気持ちを楽しもうと、俺は考えをシフトチェンジさせたのだ。

## レッスン27 熱狂しまくって日本一になれ！

法則：新しい何かを生み出すための法則
書籍：『起業家』藤田晋著　幻冬舎
箴言：すべての創造はたった１人の熱狂から始まる。熱狂こそ、新しいものを生み出す原動力。

アメーバブログの運営会社サイバーエージェントの代表取締役でもあり、現在の日本の実業家の中でも超有名な人と言えば藤田晋氏だ。

藤田晋氏の『起業家』は、バブル崩壊後にどん底まで叩き落され、株価大暴落の中、進退をかけて挑んだ新事業を成功させた氏の仕事の手腕や熱意、人間としての

## 読破（第3章）
## Lesson 27

**嫉妬心や、経営者としての重圧や孤独などをつづったノンフィクションだ。自分の中の炎が弱まっているとき、炎をもっと熱く燃え上がらせたいとき、ぜひ読んでほしい1冊。**

レッスンもいよいよラストだ。ここまで読み進めてくれてありがとう。

最後は、ここまでのレッスンの総まとめとして、その後の俺の行く末と、そこで役立ったビジネス書・自己啓発書のノウハウについて語ろうと思う。

処女作である『ヤフオク・モバオクの達人養成講座』がアマゾン総合売上第1位を獲得したあと、俺はすぐさま新しい出版企画書を書き上げた。

「1冊目は稼げるヤフオク・モバオク出品者になるためのテクニックだったから、次は仕入れの情報だ。それが読者の求めているものだ！」

翔泳社の担当編集者K氏に熱く語り、出版企画を提案した。

やはり、「変化に素早く対応しろ！」と「夢を叶えたいなら、なりたい自分の姿を口にする・紙に書く」という成功法則は間違っていなかった。最初は意識的にやっていた成功法則も、今では無意識にできるようになっていた。

俺の尋常じゃない異様なパワーと、熱量多めの出版企画書に圧倒されたのか、自分でも驚きのスピードで2冊目の出版が決まった。

そして、前作から8カ月という新人著者としては異例の短いスパンで、２００８年10月に2冊目の著書『ネットショップ&ヤフオク 海外仕入れの達人養成講座』を出版することになった。

成功法則が習慣化していると、その勢いはまさに破竹の勢いだ。その後も俺は10年間で12冊の書籍を出版した。

音楽で食っていく夢はとっくの昔に敗れてしまったが、パンクロッカー時代に曲を作っていた熱気と、現在、本を執筆している熱気はまったく同じ。表現手法が違うだけだ。

パンクも執筆も同じ自己表現なのだ。最高の作品を作るために全力で挑む姿勢は、完全に一致する。

この、熱狂して全身全霊で挑む姿勢は、藤田晋氏が語る「すべての創造はたった1人の熱狂から始まる。熱狂こそ、新しいものを生み出す原動力」という思考に通じるものがある。

# 読破（第3章）
## Lesson 27

この本は藤田氏がサイバーエージェントを次のステージに成長させるべく、変化させるまでを自らの手でリアルに描いている。会社の危機に対して自らが前線に立つ姿勢と、戦うべきときの勝負勘、決断力、集中力がものすごく、ここ一番での勝負で勝利を掴む生命力の強さをまざまざと見せつけられる。

この本を読んでいると自分の中で眠っていた闘争心に火がつき、何でもいいから勝負したくなってくるのだ。

ある意味でいうと、俺は純粋に、ブレずに、この思考を実践してるだけと言えばそれだけだ。

毎回、出版が決まると「いざ、勝負！」とばかり熱狂して執筆しまくっていたら、ネット物販系書籍の出版数が日本一になっていた。まだ現役バリバリでこの日本に生きているというのに、気がつくとこの業界では「レジェンド」と呼ばれてしまっている。

そして、俺の会社の売上は今でもじわりじわりと伸びている。

一気に爆発するのではなく、じわりじわりというのが実に俺らしい。

まるで俺が成功法則本と自己啓発本とビジネス本を1000冊以上も読みまくり、実践しながらじわりじわりと匍匐《ほふく》前進でのし上がってきたように。

だけど、まだまだ行くつもりだ。こんなもんじゃねぇ！

22世紀か23世紀か知らないけど、もし、俺が生まれ変わったら、絶対に同じような生き方を選択するはずだ。

生まれ変わった俺も、どうせモテなくてウジウジ悩んでいることだろう。

「キスってどんな感じがするんだろう？」「おっぱいをめちゃくちゃに揉んでみたいなぁ～」「女の子とヤリたい！」と、昔の俺が中学生だったときと同じように妄想を繰り返しながら悶々としているはずだ。

そして、その時代で最先端のモテる音楽や、その他のモテそうな何かに導かれ、心を奪われるはずだ。中学3年生のときに原宿駅前でトサカの高さを競うような派手なモヒカン刈りをしたパンクス軍団を目撃したときと同じように、何かに遭遇して、衝動的な何かをきっかけに始め、モテるために全力投球するはずだ。

無論、そういう生き方しかできないし、というか、これはかなり重要なことだ。

時流に乗って、みんながやらないトガったことに挑戦してUSP（自分独自の売り）を見つけ、それを極めるのが、ダントツになって確実に女の子にモテる方法だから。

普通のことをしても、そこはライバルだらけの戦国時代。まさにレッドオーシャンで、そこでモテるにようになるのは非常に難しい。

だからこそ、その他大勢の意見を無視して、あえてブルーオーシャンに飛び込んでいくだけだ。

モテるために。

栄光を掴むために。

そしてまた再び、カオスな空間に自らダイブして、激しくもやり甲斐があるドタバタコメディのような素晴らしい人生を謳歌するはずだ。

俺が俺でいるために。

## おわりに　～ラスト・レッスン～

今日の午後のフライトで韓国・ソウル入りだ。

商品の買い付けのため、ソウルには月2回ペースで渡っている。

フライト待ちの隙間時間をムダにしないように成田空港のラウンジに入り、ハイネケンを飲みながら薄いノートパソコンを開き、キーボードを叩く。

このラウンジはある程度のクレジットカードを持っている人間か航空会社の関係者しか入れない。そのため客質が良く、静かで仕事が捗るのだ。飲み物や食べ物がすべて無料というのもなかなか気に入っている。

仕事といっても渡航前にスタッフにメールで指示を出しているだけなので、大した仕事ではない。右手の人差指だけでキーボート入力していたパソコン音痴だったこの俺が、今ではこんな感じで仕事しているというのもなんだか笑える。

ノートパソコンから手を離し、ハイネケンを胃に流し込む。

昼飲み。至福の瞬間だ。

極貧だった頃は海外なんて滅多に行けなかったし、こんなラウンジに入ることもできなかった。

もう1杯ハイネケンをもらい、キーボードを叩き始めたとき、突然、走馬燈のようにいろいろな出来事が頭の中を駆け巡り始めた。

肉体労働で生活費を稼ぎながらミュージシャンを目指し、いつの日かメジャーデビューする日を夢見ていたのが、つい昨日のようにも思える。

よろよろと危なっかしい足取りで、まったくの未経験だったインターネットビジネスの世界へ参入したときも「絶対に成功してやる！」と自分に誓い、全力でやってきた。「一番上まで行ってやる！」と思ってやってきた。

たったの数百人の読者しかいないメルマガに「いつかは本を出したい！」と書いていたら、読者の伝手で翔泳社から出版のオファーがあり、処女作『ヤフオク・モバオクの達人養成講座』を出版することになった。

誰にどう思われようと、「夢は実現する！」と信じて、クソ真面目に愚直に「自分の夢を書いたり口にしたりすること」を実践したから夢が現実になったのだ。

そして、アマゾン総合売上第1位を獲得。

本当に一番上に立ったのだ。

その後も熱量過多で夢を口にしながら、桁外れのパワーでやりまくってきた。

2019年までに12冊の書籍を出版して、ネット販売系書籍を日本で一番多く執筆した著者になった。

その結果、地上波テレビに出演し、お笑い芸人にイジられたり、ラジオで出たり、新聞、業界紙にも掲載されたりしている。

某一部上場企業に対してコンサルティングをしていたり、法人だけではなく個人の方へのコンサルティングもしており、月収100万円プレイヤーを大量に生み出し続けている。

夢中でやっていたら、いつの間にかこんな感じになっていた、というのが本音だ。全然知らない、とても遠くの世界に来てしまったような気もするし、まだまだ始まったばかりという気もする。

もしかしたら、この疾走感だけが生きている証なのかもしれない。

そんなことを考えていると、ソウル行きのフライトの搭乗時間まであと10分を切っていた。

ノートパソコンを閉じ、ラウンジを出て早足で搭乗ゲートに向かう。

普通なら慌てるところだが、数えきれないくらい国際線に乗っているので、まったく動じない。

自慢ではないが、パスポート紛失以外の海外でのトラブルや失敗は、一通り経験している。

「経験から掴んだ自信はデカいよなぁ〜」と、誰にも聞こえないくらいの小さな声で呟く。

新しい扉を開こうとしたとき、神様はいろいろな難題を出してくる。

ここまで読んでもらってわかる通り俺もそうだったが、今では修行の機会を与えてくれた神様に心から感謝している。

つらかった試練の時期の出来事を、俺は決して忘れない。

もしかしたら、もっと幸せになれば、いつか忘れてしまうのかもしれない。

それでもいいさ。

どうせどんな未来が待っていようと、「はちゃめちゃすぎるだろう」と、誰もが呆れるほど、やりたいようにやりまくるだけだから。

一度きりの自分の人生なんだからやりたいように好き勝手やってやるよ。

たとえ地獄の底に突き落とされても、地獄の底で栄光を掴んでやるぜ。

俺は株式会社グローリーの代表取締役。栄光（グローリー）を掴むためにこの世に生まれてきたんだ。

まだまだ、こんなところじゃ終われない！

もっともっと高いところまで行って、そこからの景色を見たいんだ。

きっと今まで見たことがない絶景が広がっているんだろう。

努力したやつだけが見られる景色を見るのが俺は好きだ。

それを見るためなら何でもやってやるさ。何でも。

今までそうやってきたんだから、これからもそうだ。

やるだけやっちまうぜ！

山口裕一郎

# 【ケース別　自己啓発・成功法則書ガイド】

▼行き詰まっているときに読む本

## 『夢をかなえるゾウ』　水野敬也著

「このままでは人生はダメな方向にしか行かない。何とかして人生を変えよう」と何度も思ってはみるけど、一向に変えられない主人公のサラリーマン。

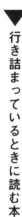

現実に打ちのめされて飲みすぎてしまい、酷い二日酔いだった朝、ゾウの姿をしたガネーシャという関西弁を話す神様が突然、現れ、そのまま家に住みつく。そしてガネーシャは、これから出す成功するための課題をこなしていけば、主人公は確実に成功すると言う。

しかし、この課題は、

・靴を奇麗に磨く
・食事は腹八分目
・夢を楽しく想像する

など、成功とは関係のなさそうな課題ばかりで、成功に直結するような課題はない。主人公は「こんなので成功できるのだろうか?」と半信半疑になりながら、時に反発しながらも課題をこなしていく。

本を読んだだけで成功した気分になり、実践しない人間が多いというアンチテーゼをひしひしと感じる1冊。まさに「課題を実践するということが成功するための唯一の方法」ということだ。

軽いタッチでリズミカルに書かれていて読みやすさも抜群で成功法則本の入門編としては非常にお薦め。

**単行本：357ページ　出版社：飛鳥新社　第18版（2007/8/11）**

## 『道は開ける』D・カーネギー著

とにかく、読むしかない本。

大なり小なり、誰しも持っている悩み。その人の悩みを克服し、解決するための方法を多数の実例を分析して解説している。歴史に名を残す偉大な人物や著名人の話も多数出てくるので、わかりやすい内容になっている。

カーネギー本人の悩みについても書かれており、「こんな偉大な人間でも悩みがあったんだなぁ～」と思いながら読むと、心が軽くなる点も名著と呼ばれる所以かもしれない。

「こんなの知らなかった」というノウハウは一切ないかもしれないが読んでいると

今、何をすべきか気づかされる。
成功する方法を説いた本は数多くあるが、「悩み解決」に特化した本は珍しい。
正座して読みたい1冊。

**単行本：442ページ　出版社：創元社　新装版（1999/10/20）**

### ▼モテたいと思ったときに読む本

## 『究極の男磨き道　ナンパ』　零時レイ著

5年間の引き籠り生活で完全にコミュ障になっていた著者が、ひょんなことからナンパの世界と出会ってしまい、まったくのナンパ未経験からナンパ師になっていくまでの心理や過程を描写したほぼ実話の奮戦記。
ナンパの話一色の本だが「成功するまで諦めない」「トライ数を増やす」など、ナンパの必勝方法がビジネスに通じると感じるノウハウも多数出てくる。

女の子にYESと言わせる会話術もビジネスに流用できるので、その辺りを意識して読み進めるといい。

続編『ナンパが最強のソリューションである』も出版されているが、オリジナルであるこちらのほうが初期衝動は大きく、お薦め。

**単行本：320ページ　出版社：BBR　第三版（2014/8/15）**

## 『モテれ。エロ可愛い女の知恵袋』　春乃れい著

表現方法や文章がかなり独特で、「モテたいなら内面より外見磨け！」「デブとブスほど外見を磨け」「聞き上手になれ」など、綺麗ごと抜きでガツガツくる。

ボディタッチ、目線の移し方など具体的なモテるためのエロ・テクニックの紹介が多いが、「会話相手から上手く話題を引き出せ！」「自分が語る『ことば』を大切にする」など、コミュニケーション術の本として読むことをお薦めする。

恋愛やビジネスにおいて実践で使いたくなる言葉や立ち振る舞いがたくさん出てくるので、メモを取って、ぜひ実践してほしい。

単行本：208ページ　出版社　インプレス（2006/11/14）

## 『LOVE理論』　水野敬也著

「夢ゾウ」の著者が書いた男のための恋愛マニュアル。モテるための理論を論じており、納得する理論も多いのだが、無茶な理論は実践できるかどうかは別として、とにかく笑えるので、読み物として楽しめる。

本書に書かれている異性にモテる考え方のコアを理解して実践したら、確実にモテると実感するはずだ。「結局のところ、やはり行動力だな〜」と思わされる。

今の自分にできること、足りないところ等を考えながら読むといい。

すべての水野作品に共通するポイントなのだが、文章のタッチが軽快で笑いのエッセンスがあり、あっという間に読めるので、本はちょっと苦手という人にもお勧め。水野氏が以前に書いた『「美女と野獣」の野獣になる方法』に加筆を加えたのが本書なので、こちらを読むことを推奨する。

単行本（ソフトカバー）：282ページ　出版社：文響社　改訂新版（2013/12/14）

▼失恋したとき、妻が去ったときに読む本

## 『出会い系サイトで70人と実際に会ってその人に合いそうな本をすすめまくった1年間のこと』花田菜々子著

ひょんなことから出会い系サイトデビューすることになる著者が、出会い系サイトで会った人にお勧めの本を紹介していく、というタイトルそのままの内容。なのだが、紹介する本は個性的な本ばかり。それもそのはず著者は、元・ヴィレッジヴァンガード店長という経歴の持ち主。さすがに本の知識が半端ない。

離婚や失恋を経験した人であれば、離婚が決定し、今までとは違うやり方で突き進んでいかないと自分の成長も人生の成功もないことが他人事とは感じられず、「自分ならどうするか?」と考えながら読み進めることになるだろう。

読み終えた瞬間はポジティブな気持ちになれる衝撃の実録私小説。全体の構成や描写力がすごいので、ワクワクしながら一気に読める。

かなりの衝撃を受ける変化球系の自己啓発本。

**単行本:224ページ　出版社:河出書房新社(2018/4/7)**

## 『君が前の彼氏としたキスの回数なんて俺が3日でぬいてやるぜ』　三代目魚武濱田成夫著

この著者が大好きという人と、まったく受け入れられない人の真っ二つに分かれるであろう強烈な灰汁の強さ。

惚れ惚れするくらい自由に、そしてかっこよく生きる著者の熱い魂が溢れ出して止まらない、好きな人にはたまらない詩・語録集。

「何のために生きているのか?」「かっこよく生きていくために」と、本能のままに飾り気なしで吐き出される言葉の数々にはドキッとさせられる。

ストレートな言葉にショックを受けることは必至で、誰に何を言われようと自分が納得する生き方をしたいと素直に思わせる。

この本を読むと圧倒的な行動と大胆な行動が足りないと痛感させられ、やる気が出るはずだ。

文庫：２４５ページ　出版社：角川書店（1994/4/22）

### ▼人生で転落したときに読む本

## 『変な人が書いた成功法則』　斎藤一人著

日本一の大金持ちと名高い斎藤一人氏の「成功法則」と「考え方」が学べる1冊。

成功法則系の本にはほぼ確実に書かれている成功する考え方を非常にわかりやすく説明しているため、初めて知るような斬新なノウハウはないかもしれないが、斎藤氏の語り口もあって、深い言葉の数々が心の奥まで響き渡る。

斎藤氏の成功のノウハウの中でも一番有名なのが「『ツイてる』と言うだけで、すべての良いことがやってきて成功する」という口グセ理論のノウハウだ。口グセ理論は常に「ツイてる」と言うだけで誰でも簡単にできるのでこの本を読んで早速、「ツイてる」と言ってみよう。

四の五言わずに実践あるのみだ。

**文庫：256ページ　出版社：講談社（2003/4/18）**

## 『ネットがつながらなかったので仕方なく本を1000冊読んで考えた　そしたら意外に役立った』堀江貴文著

堀江貴文氏が服役中に刑務所の中で読んだ本の書評。

今の自分が成長するために必要な本探しになる本で、ビジネス書だけでなく、科学や漫画など意外なチョイスには驚かされる。

『理系の子』『成り上がり』『夢をかなえるゾウ』『グラゼニ』『ロケットボーイズ』『人間仮免中』『チャンネルはそのままで』など、必ず何冊かは読みたくなる本があるはずだ。

東大合格経験ありの堀江貴文氏でもビビっとくる新しいビジネスには、化学を知る必要があり、そのためには読書による研究や情報収集が必要なのだと痛感させられる。

いくら努力しても天才肌のアイデアマンである堀江貴文氏と同じ思考になれるとは到底思わないが、同じ本を読んで堀江貴文氏と同じ情報をインプットすることは可能なので、そこに自分を賭けてみたくなる1冊。

硬苦しい文体ではなく、ブログを読んでいるような感覚でサクっと読めるのに、独自の切り口の解説は唖然とさせられることもある。

**単行本：221ページ　出版社：角川書店（2013/8/30）**

▼信用を築くために読む本

## 『7つの習慣―成功には原則があった!』 スティーブン・R・コヴィー著

成功法則本、自己啓発書本の元祖であり、絶対に成功したかったら読むべき本。人生を有意義に過ごすために実践すべき7つの習慣と、そのベースとなる原則主義について論じている。

7つの習慣は小手先のテクではなく、人生の本質に関わる原則にフォーカスしたものであり、ビジネスにも応用が効く。体験談として具体例が多数載せられているため理解しやすい。

今、世の中に出回っている成功法則本の多くはこの本から何らかの影響を受けて派生したものと言える。成功を掴みたいならオリジナルであるこの本を読むべきだ。分厚い本なのでサクっと短時間では読破できないが、オーディオ・ブックも販売されており、移動中等にエンドレスで聞いているという成功者も多い。複数冊にはなるがマンガ版も出ているので、そちらから入るのもいいかもしれない。

単行本：492ページ　出版社：キングベアー出版　初版53刷版（1996/12/25）

## 『一瞬で信じこませる話術コールドリーディング』　石井裕之著

コールドリーディング(Cold Reading)とは「まったく事前の準備なしで初対面の人を占うこと」「人の心をその場で読むこと」であり、占い師や霊能力が人を信じさせるテクニックとして使われている。

そのコールドリーディングを応用する方法を学べる入門書的な1冊。

占い師や霊能力が曖昧な表現方法と話し方のテクニックを用いて、誰もが当てはまる言葉で信じ込ませている理由やその技術が事細かに載っており、何度も読んでいると「自分も占い師や霊能力者になれる！」と錯覚してしまうほど強烈なノウハウだ。

占い師や霊能力の視点ではなく、ビジネスにおいてどのようにコールドリーディングを応用していくか考えながら読むといいだろう。

単行本：208ページ　出版社：フォレスト出版（2005/6/1）

## 『ハードワーク　勝つためのマインド・セッティング』エディー・ジョーンズ著

ラグビー元日本代表ヘッドコーチだったエディー・ジョーンズ氏が書いたビジネス本。

とにかく、刺さる言葉がいっぱいで思わず心が熱くなる。

「本番で大きな力を発揮したいのであれば普段から自分を追い込む訓練をすることが必要であり、周りの人間を信頼し、特別なプロジェクトの一員であると感じさせる事が重要」など、自身が試合で大きな結果を出したからこそその言葉が心にガツンと響く。

短所を長所に変え、選手の実力以上の力を発揮させるエディー流の必勝法と、本気で伝えたい心からのメッセージを文面からひしひしと伝わってくる。

スポーツのコーチの言葉を自分がやっているビジネスに置き換えて読み進めるといい。

**単行本（ソフトカバー）：２１０ページ　出版社：講談社（2016/12/2）**

▼スキルアップしたいときに読む本

## 『アツイ コトバ』 杉村太郎著

1ページ目からフルアクセル！

心に突き刺さる言葉のオンパレード。

よくある自己啓発本のようなモア～とした曖昧な表現は一切なく、人間の確信、本質をズバズバ突いているのでドキっとさせられる。

これを読んで、やる気が出ないわけがない。メーターを振り切って生きていく意味をまざまざと見せつけられる。

今の自分を超えることに挑戦したくなったら読んでみるといい。

ハッタリでも自信がなくても、一度、火がついてしまったら、もうあとには戻れないし、やるしかない。

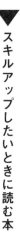

その結果、今まで以上の自分がそこにいれば結果オーライ！
こんな熱量の本は滅多に出会わない。

**文庫：95ページ　出版社：中経出版（2012/7/27）**

### ▼信頼を裏切られたときに読む本

## 『人は自分が期待するほど、自分を見ていてはくれないが、がっかりするほど見ていなくはない』見城徹・藤田晋著（共著）

「ワーカーホリック」という言葉が軽く感じられるくらい、とことんまで真剣に仕事に取り組む見城徹氏と藤田晋氏の人生論と仕事論。見城徹氏の投げかけに藤田晋氏が応える形式のエッセイで、2人の実際の経験から掴んだ見解は重みが違う。

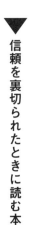

文章からものすごいエネルギーを感じずにはいられない。

本、音楽など実際に前人未到の実績を出した仕事の事例が多く、リアルにビンビン伝わってくる。

2人とも棘の道を歩んできた経験があるので、今すぐに結果が出なくても、腐らずに努力をし続ける大切さを実感させられる。

名言が多く、読んいると気合いが入り、「何かデカいことをしてやる！」という気持ちになる。

身が引き締まる1冊。


**単行本（ソフトカバー）：２４２ページ　出版社：講談社（2012/4/12）**

## 『たった一人の熱狂　仕事と人生に効く51の言葉』　見城徹著

好き嫌いが真っ二つに分かれるはずだが、見城氏に共感する人だったら、その生き方に影響されることは必至。文面から溢れ出るエナジーが凄くて圧倒される。

とことんまで真剣に仕事に取り組む圧倒的努力を見せつけられると「まだまだ自分は甘い！」と感じずにはいられない。

「ＧＮＯ＝義理・人情・恩返し」こそが仕事においても人生においても最も重要と

熱く語っており、「苦しくなければ努力じゃない。憂鬱じゃなければ仕事じゃない。」など、座右の銘となるような熱い言葉が心に刺さる。

全身全霊で仕事に打ち込んで、大切な人を大切にして、悔いなく生きようと思うはず。

仕事や人生に悩んでいる人は絶対に読んだほうがいい本。

**文庫：322ページ　出版社：幻冬舎（2016/4/12）**

## 『新装版 矢沢永吉激論集 成りあがり How to be BIG』矢沢永吉著

矢沢永吉28歳の自叙伝。

当時のインタビューを書き直してまとめた文体なので、本が苦手な人でも読みやすい。

キャロルでブレイクする前のアマチュア時代から矢沢永吉にはまったくブレはなく、「音楽を〝ビジネス〟として捉えているのが、スーパースターになる人間とスーパースターになれなかった人間の差なのか?」と思わずにいられない。

自叙伝なのだが「レコードが●枚売れたら、いくら儲かる」というビジネス観点でアーティストとしての自分を客観視していたり、岡山のキャバレーの社長にもらったD・カーネギーの『人を動かす』をエンドレスで読んでいた、という意外なビジネス的な事実に驚かされる。

元々の版元は集英社なのだが、見城徹氏によって掟破りの角川から文庫化! 出版界の常識をぶち壊したことでも有名。

矢沢永吉や不良の文化にはまったく興味がないという人に読んでもらいたい1冊。これだけ長い間、たくさんの熱狂的ファンに愛されている理由がわかるはず。確認犯だ。

**文庫:301ページ　出版社:角川書店　新装版(2004/4/24)**

## 『我が逃走』　家入一真著

引きこもりから自分の居場所を求めて会社を起こし、福岡から東京に進出し、史上最年少で一部上場させて、本人は経営から身を引き、新会社を起こしてゼロからのカフェ経営で全財産を失い、酒に溺れ、奈落の底に落ちながらも、初心に帰り、ネットを駆使したビジネス（これ重要！）で復活し、まさかの都知事選出馬までの、ジェットコースターのような波乱万丈な人生を赤裸々に描いている。

新会社を興し、店舗の数を増やしていったものの、思いつきとフィーリングで飲食店の新規出店を繰り返していたので、結局、多くの社員、経営に携わってきた仲間までを解雇しなければならなくなった経緯が書かれている。

冷静に考えると、失敗して当然なのだが、経営でやってはいけないことは自分で体験したくないものなので、多くの学びを得られる。

やはり、失敗例から学ぶことは大きい。

失敗から復活までのスピードが尋常ではなく、サービスを立ち上げるのに必要なのはとにかく行動を起こすということと、そのサービスを黒字化させるために自分とは異なる能力がある有能なパートナーが必要だということをまざまざと見せつけられる。

21世紀の起業の一つのカタチではあるので、小資本で起業したい人、少人数で成功したい人にはぜひ読んでほしい1冊。

単行本（ソフトカバー）：336ページ　出版社：平凡社（2015/5/27）

▼世の中の仕組みを知りたいと思ったときに読む本

## 『変な人の書いた世の中のしくみ』　斎藤一人著

「伝えたいことは全部書きました」

この本の帯のコピーである。

この言葉通り、「しあわせ」「心」「人間関係」「経済」「仕事」「この世」について書き尽くされており、斎藤氏曰く「この6つの仕組みが『幸せになる』ために重要でどれ一つ外せない」と説いている。

結局、人間はどのように生きても必ず苦労するから、苦労を苦労と思わない道を選択したほうがいい、といった気持ちが楽になる文章や言葉のオンパレード。

全国にたくさんの斎藤氏のお弟子さんがいるのもよくわかります。

押し付けがましくないので、スピリチュアル系が苦手な人にもお勧めの1冊。

**文庫：236ページ　出版社：サンマーク出版（2014/10/10）**

## 『図解　山崎元のお金に強くなる！』　山崎元著

一般人、特にお金の素人が間違えがちな、お金の基本と仕組みを図解で解説している。

銀行にお金を預けていてもほぼ利息が付かない時代だからこそ、自分自身でお金の勉強し知識を蓄えた上で、ある程度の金融リテラシーを身につけていないといけない。

銀行なら危ない儲け話は絶対にない、と踏んで堅実な運用方法を相談しても、相手のほうが1枚も2枚も上手。お金が増えるケースもあるかもしれないが、いいようにやんわりやられるのが関の山。

多少の損はしても、さすがに国が認めた金融機関なので身ぐるみ剥がされることはないのが唯一の救いか？

ドルコスト平均法など、これまで常識だと考えていたことを考え直す機会になり、「世の中にうまい儲け話はない！」と改めて認識するだろう。

この類の書籍は難しい内容ばかりだが、本書は極めて理解しやすいので、これから勉強しようと考えている人にお勧めの1冊だ。

**単行本（ソフトカバー）：112ページ　出版社：ディスカヴァー・トゥエンティワン（2015/7/30）**

## 『13歳の進路』　村上龍著

ベストセラーになった13歳のハローワークの続編。

希望の仕事に就くにはどんな進路や方法があり、それがどんな役割を果たしているか、たくさんの事例を基に解説している。

たくさんの進路の中から有利な方向に進むかを選ぶのではなく、希望の仕事に就けて、その仕事で生きていけるというのも成功の1つであり、嫌々やらされている仕事を死ぬまで続けるのは待遇が良くても苦痛でしかない。

どのようにしてこの社会を1人で生きのびていくか、という村上氏のメッセージを感じる。

小説家である村上龍氏ならではのグイグイ引き込む文章力があるからこそ、こういった難しい問題の内容でも一気に読める。

大卒、高卒、中卒の場合、初任給が同じ待遇でもこんなに違うという例もイメージしやすく、わかりやすい。

13歳以外、中学生以外でも、これからの生き方に悩んでいる人や子どもの進路の問題を抱えている親御さんにもお勧め。

**ペーパーバック：175ページ　出版社：幻冬舎（2010/3/25）**

## ▼収入が大幅に増えたときに読む本

## 『億万長者のすごい習慣』　岡崎太郎著

「億万長者になりたいのであれば、億万長者達の習慣をマネるのが最善の道」ということで、著者本人が付き合いのある億万長者の習慣をわかりやすく解説している。

・好奇心が衰えない
・何事も徹底する
・ネガティブなことは一切口にしない
・言霊を信じている
・素晴らしい笑顔

など、億万長者である彼らの習慣は、実は誰でもできることのオンパレードだったりする。最初は意識的に実践することになるが、それを続ければ、そのうち無意識にできるようになり、習慣化してくる。

事例がわかりやすく、「同じような思考で同じような行動を取り、習慣化していけばいいんだなぁ〜」と納得。

**単行本：224ページ　出版社：三笠書房（2019/3/15）**

## 『年収300万円はお金を減らす人 年収1000万円はお金を増やす人 年収1億円はお金と時間が増える人』 金川顕教著

タイトル通り、年収300万円、1000万円、1億円の人の思考と行動の違いが49のケースで書かれているので、今の自分に参考になる事例が多数出てくるはず。

この本を購入したアマゾンの内容紹介には「5000人以上のビジネスを成功に導いた、どこよりもわかりやすいマインドセットの解説書」と書かれており、著者自身のビジネス（コンサルティング）に引き込む導線は見事。

例えば、「何かをはじめようとするなら、まず『師匠』を見つけ、直接教えてもらうこと。」「成功者の環境に飛び込み、同じことを直接体感することが成功への近道。」など、グイグイくるのでコンサル系の仕事をしている人はクロージングへの落とし込みが非常に参考になるはず。

マーケティングの視点で読んでみても面白い1冊。

**単行本（ソフトカバー）：249ページ　出版社：サンライズパブリッシング（2016/12/23）**

### ▼トラブルに巻き込まれたときに読む本

## 『破天荒フェニックス オンデーズ再生物語』 田中修治著

負債14億円のメガネチェーン店「オンデーズ」を買収し、新社長に就任した田中修治氏の起業再生物語。資金繰りの問題や無理な事業拡大で倒産の危機に次から次へと見舞われながらも、なんとかギリギリのところで踏ん張り、解決していく。

失敗も含めてビジネスのスピード感がすごく、とにかく前のめり。

無謀な挑戦でも成功させるのは「どれだけやりたいことにコミットできるか」ということで、その積み重ねの結果が成功であり、「自分自身、まだまだだなぁ～」と痛感させられる。

自己最高記録に挑みたい人には本気でお勧め。

読み物として面白く、ビジネスも学べる内容になっていて、ビジネス本、自己啓発書が苦手な人でも一気に読めて勉強になる1冊。

単行本：494ページ　出版社：幻冬舎（2018/9/5）

## 『死ぬこと以外かすり傷』　箕輪厚介著

天才編集者・箕輪厚介氏の仕事に対する熱い思いと仕事論をハイテンションで書き綴っており、ぐいぐい引き込まれる。

「オレはお前らが寝てる間も動いている。誰よりも量をこなしてきた。」といった熱い文章のオンパレードで、誰よりも量をこなし、突き抜けると、「死ぬこと以外」はすべて「かすり傷」になるということ。

圧倒的に努力して、突き抜けて、とにかくやりまくるという猛突進型の成功哲学書でもある。

熱い思いを感じたい人、自分の行動に不安を持っている人にお勧め。

これを読んでもやる気が出ないという人はもう終わっている。

単行本（ソフトカバー）：173ページ　出版社：マガジンハウス（2018/8/28）

## 『新装版 こんな僕でも社長になれた』 家入一真著

著者の家入一真氏は100万人が利用するレンタルサーバーサービス「ロリポップ」でお馴染のペパポの創業者。

最年少で会社を上場させた家入氏はエリートではなく雑草。奥さんの妊娠を期に、家族との暮らしと子どもの誕生の瞬間を一番近くで見ていたい理由で起業し、社長になって一人ひとり仲間を増やしながら、自分も会社も成長していくドキュメンタリー。

突然、仲間外れにされて、引きこもるしかなかった中学時代から再起を賭けて入学した高校を中退、大学受験を2回失敗し、最終学歴は高卒の家入氏だが、学歴など関係なく、自分の居場所を探しながら、自分が楽しいと思うことだけをやりまくって、気が付いたら成功を手にしていた、というサクセスストーリー。

同じネット起業家でも、結果がすべてのネット起業家とは真逆のやり方を見せつけられる。

成功を手にする人間は特別な人間ばかりではなく、誰でも本気で真剣にやればなんだってできると思わせてくれる1冊。

単行本（ソフトカバー）：３０４ページ　出版社：イースト・プレス　新装版（2012/8/31）

▼新しい事業を始めるときに読む本

## 『ビジネス・フォー・パンクス』　ジェームズ・ワット著

のっけから「始めるのはビジネスじゃない革命戦争だ」と来て、心を鷲掴みにされてしまうのは俺だけではないはず。

若干24歳でクラフトビールの会社を創業し、瞬く間に一大企業にした創業者（著者）の思想全開だからこそ、ここに書かれていることは負け犬の遠吠えではない事実が最高に痛快。

各章の冒頭部にある各著名人（パンクス以外の人選もあり）の言葉の引用にも、パンクな姿勢をひしひしと感じるのだが、あくまでもビジネスを楽しむ姿勢を貫く清さが堪らない。

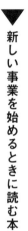

パンク味は控えめなので、パンクが嫌いな人でもビジネス書として楽しく読める。「自分の手で世界を変えられる」と信じる意思の強さは非常に熱く、同じ時代に生きる人間としてやる気を出さずにはいられないはず。

**単行本：392ページ　出版社：日経BP社（2016/9/1）**

### ▼ネットトビジネスを始めるときに読む本

## 『お金儲け2.0　手堅く1億円稼ぐ7つの最新手法』　川島和正著

転売、アフィリエイト、不動産、会員制ビジネス、協会ビジネス、貿易ビジネス、通販ビジネスで稼ぐ手法を解説。

川島和正氏が運営している川島塾の会員さんが稼いだ事例なので、生きた情報で内容がリアル。

基本的に1人で年収1億円稼げる方法を厳選しているので、成功事例通りにコツコツ作業するだけで、あとは本人がやるのみ。

川島和正氏自身が社員1名だけの雇用で10年連続年収1億円を稼ぎ続けているので、信憑性も高い。

儲かる事業を探している人にはお勧め。

**単行本：264ページ　出版社：三笠書房（2019/7/19）**

### ▼企画を立てるときに読む本

## 『アイデアのつくり方』　ジェームス・W・ヤング著

アイデアは「既存の新しい組み合わせ」であると説いている。

アイデアをつくるための5段階

・第1段階：資料集め
・第2段階：関係性・組み立て
・第3段階：孵化《ふか》
・第4段階：アイデアの誕生！
・第5段階：アイデアの具体化・現実化

とムダが一切なく、あっという間に読み終えてしまう本だが、内容が濃いので、この本に書いてある通り、忘れたころに読み直せば新しいアイデアが生まれるだろう。誰にでもアイデアは生み出せることを提示してくれる1冊。

**単行本：102ページ　出版社：CCCメディアハウス（1988/4/8）**

山口裕一郎（やまぐち ゆういちろう）

株式会社グローリー 代表取締役
成功哲学書・ビジネス書 研究実践家
逆境リカバリアドバイザー

32歳でミュージシャンになるという夢が破れ、人脈、スキル、経験、資格などまったくない状態から、生きていくために成功哲学書、自己啓発書など、ビジネス関係の書籍1200冊以上を読破し、実践。

「成功できる」方法を知れば、アレンジせずに愚直に実践し、成功者の口癖を知れば、同じ言葉を毎日口にしている。

2008年に株式会社グローリー（栄光）を設立。

この会社名なら毎日、「栄光」という状況、「栄光」を書く状況が必然的に生まれ、
それにより社長である本人、社員、会社、そして周囲にいる人々が栄光をつかみ取り、スパイラル式で成功できるという理念を掲げ活動中。TV、ラジオ、新聞、雑誌等の掲載多数。

本書は13冊目の著作となる。

ネット物販の世界では草分け的、先駆け的存在。個別コンサルティングではまったくのゼロから100万円稼ぐ人間を量産中。

人生を立て直したいと思っている人にSNS、メルマガ、ブログを通じて、熱く、激しくエールを送っている。

# 読《どく》破《は》

2020年4月27日　初版第1刷

著者/山口裕一郎《やまぐちゆういちろう》
発行人/松崎義行
発行/みらいパブリッシング
〒166-0003東京都杉並区高円寺南4-26-12 福丸ビル6階
TEL 03-5913-8611　FAX 03-5913-8011
http://miraipub.jp　E-mail:info@miraipub.jp
編集/吉田孝之
協力/潮凪洋介
カバー写真/洪 十六
ブックデザイン/則武 弥（ペーパーバック）
発売/星雲社（共同出版社・流通責任出版社）
〒112-0005 東京都文京区水道1-3-30
TEL 03-3868-3275　FAX 03-3868-6588
印刷・製本/株式会社上野印刷所

ISBN978-4-434-27370-4 C0095